CLÉS POUR LA FRANCE

En 15 icônes culturelles — Volume 2

フランスを読み解く鍵—第 2 巻　改訂版

Denis C. MEYER

commenté par

Takashi KITAMURA

hachette
FRANÇAIS LANGUE ÉTRANGÈRE

まえがき

　本書は 2012 年 4 月に『第 1 巻』が刊行されてから、2013 年に『第 2 巻』、2015 年に『第 1 巻改訂版』、2017 年には気鋭の若手研究者 3 氏の手により『第 3 巻』と、順調に版を新たにすることができた。このたびさらに『第 2 巻改訂版』を上梓する運びとなったが、これまで本書を使用され、貴重なご助言を賜った多くの方々に、この場をお借りして厚く御礼を申し上げたい。なお、改訂にあたっては、練習問題をほぼ一新し、文法や語の説明をより適切な表現に書き改めるとともに、文化に関する注では、できる限り現時点で最新の情報やデータに書き換えている。

　さて本書は、Denis C. Meyer 氏の *Clés pour la France en 80 icônes culturelles*（Hachette 2010）をもとに編まれている。氏は、香港大学でフランス語・文化学習プログラムのディレクターとして活躍されているが、代表的な著作として、フランス人の母を持ち、フランス語で著作活動を行った山田菊について論じた *Monde flottant : La médiation culturelle du Japon de Kikou Yamata*（L'Harmattan 2009）がある。

　さて、原著の序でメイエール氏は、「文化的イコン」« icônes culturelles » を「集合的な想像的世界が構築され、文化への帰属意識が形成されるにあたって中心的な役割を果たす象徴的な図像」と定義している。このイコンはわれわれの周囲に遍在するが、氏は現在のフランスを代表／表象する 80 の文化的イコンを取り上げ、それらがフランス人にいかに受けとめられているのかだけでなく、ステレオタイプを生み出す側面にも客観的な眼差しを向けつつ、それぞれについて興味深くかつ簡明なテクストを作成している。さらに各テクストには、内容の理解、テーマについての意見陳述、テーマに関連する情報の収集、という 3 つのレベルの練習問題が付されている。フランスの文化を知るための教材としてはきわめて優れた教材といえる。『フランスを読み解く鍵』のシリーズでは、この原著の特徴を活かしながら、同時に日本のフランス語教育の現場で使用できるよう工夫を凝らした。

　本書でも、難易度やテーマのバランスを考慮して原著から 15 篇を選んでいる。第一の目標は、初級のフランス語を一通り学び終えた学習者が、フランス語で書かれたテクストを通してフランスの文化に親しむきっかけを得ることにある。そして第二に、学習者がこれまで習得したフランス語の知識を再確認しながら、総合的なフランス語能力を向上させることを目指している。そのため、言語・文化双方について多くの注釈を付し、また重要な文法項目については個別に取りあげ、解説を加えた。さらに練習問題についても、1.［基本的な文法事項の復習（10 課まで）］2.［内容の理解を vrai/faux で問う］3.［内容についてフランス語または日本語で答える］4.［テーマに関連する身近な問題について自主的に探索する］という構成に変えた。原著とはやや異なる姿を取ることになったが、メイエール氏の意図を損なわないよう配慮したつもりである。

　なお、本書の執筆にあたっては、同僚の Christophe Garrabet さん、編集担当の河合美和さんのお手を煩わせた。最後に、本書誕生の機会を作って頂いた山田仁さんを始め、ご協力頂いたすべての方々に心よりの謝意を申し述べる次第である。

編著者　北村　卓

TABLE DES MATIÈRES │ 目次

＊ Version Originale のページは Hachette 社刊行のオリジナル版のページに対応しています。

Ｓ TRUCTURE D'UNE LEÇON | 構成

— ジャンルを明示。

— 註の位置は行番号で指示。

Histoire, institutions

LEÇON 6

MARIANNE
共和国の象徴マリアンヌ

『マリアンヌ』は共和国としてのフランス、および共和国の理念を象徴するきわめて重要な存在です。

　Le buste de Marianne est présent dans toutes les mairies françaises, les écoles, ainsi que dans de nombreux édifices officiels. Marianne est aussi représentée sur les timbres poste et, jusqu'à récemment, sur les pièces de monnaie. Ce personnage symbolise la France, la République et la principale de ses valeurs : la liberté.

　L'origine de Marianne remonte à la Révolution française et plus particulièrement à 1792, lorsque la République a été proclamée. Marianne porte un bonnet phrygien, comme la plupart des révolutionnaires à cette époque. Le bonnet phrygien est une référence aux esclaves affranchis sous l'Empire romain, qui portaient ce bonnet pour marquer leur liberté retrouvée. Au 18ᵉ siècle, Marianne était un prénom très fréquent en France, il associe Marie, la mère du Christ, et Anne, la mère de Marie.

　Le tableau d'Eugène Delacroix, *La Liberté guidant le peuple* (1831), représente Marianne combattant avec le peuple parisien pendant les trois journées révolutionnaires de juillet 1830. Plus récemment, des Françaises célèbres ont servi de modèles au buste de Marianne : les actrices Brigitte Bardot et Catherine Deneuve, la chanteuse Mireille Mathieu, le mannequin de mode et actrice Laetitia Casta.

Notes

2 ▶ ainsi que... : 「〜と同様に」→「そして〜にも」
3 ▶ timbres poste : timbre-poste ともつづる。timbre de[pour] la poste 郵便切手から、近代になり前置詞を省略して形成された。したがって timbres と複数でも poste は単数のまま。
▶ jusqu'à : jusque + à
4 ▶ la principale = la valeur principale = la liberté
5 ▶ remonte à : [remonter à...]「〜にさかのぼる」
▶ la Révolution française : 大文字で始まる Révolution は、フランス大革命 (1789年7月14日のバスティーユ解放に端を発し、1799年にナポレオンが権力を掌握するまでの期間) を指す。

6 ▶ a été proclamée : < proclamer 受動態・複合過去。
8 ▶ affranchis : affranchi < affranchir
▶ portaient : < porter 半過去。第7課の Grammaire を参照。
9 ▶ 18ᵉ = dix-huitième
10 ▶ associe : < associer
11 ▶ *La Liberté* : 大文字で表記されることによって、『自由』という抽象的概念が擬人化されている。
12 ▶ guidant : < guider 現在分詞。
▶ combattant : < combattre
13 ▶ ont servi de : [servir de...]「〜としての役目を果たす」

Clés

※ bonnet phrygien (L.6)
　フリジア帽。古代フリジア人が被っていた赤い三角の帽子で、ローマ時代には、解放された奴隷が被るものとされた。
※ Marianne..., il associe Marie, la mère du Christ et Anne, la mère de Marie (L.9)
　マリアンヌは当時きわめて一般的な女性の名前であった。共和国の象徴としてなぜマリアンヌの名が用いられたかについては諸説ある。
※ Eugène Delacroix (L.11)
　ウージェーヌ・ドラクロワ (1798-1863)。フランスロマン主義を代表する画家。ギリシャ・ローマ彫刻をモデルとする静的な古典主義に対抗し、絵画に色彩と動きを導入した。代表作に『キオス島の虐殺』(1824)、『サルダナパールの死』(1827)、『アルジェの女達』(1834) などがある。
※ La Liberté guidant le peuple (L.11)
　『民衆を導く自由の女神』。ドラクロワの代表作の1つで、1830年の7月革命を描いたもの。フリジア帽を被り、三色旗を掲げて民衆を率いるこの女性こそ、自由の表象であるマリアンヌにほかならない。7月革命は、ナポレオンの失脚後に成立した王政復古の政治に対し、ブルジョワ階級を中心とする勢力によって起こった。7月27〜29日はパリの一般市民も蜂起し、『栄光の3日間』と呼ばれる。この後、オルレアン公ルイ＝フィリップが即位して7月王政が始まる。
※ des Françaises célèbres... (L.13)
　マリアンヌの公式モデルは存在しないが、フランス市長協会 Association des maires de France が定期的に著名なフランス人女性を選んでマリアンヌとしている。歴代のマリアンヌは以下の通り。1970-78 ブリジット・バルドー (1934-) 女優、1978-85 ミレイユ・マチュー (1946-) 歌手、1985-89 カトリーヌ・ドヌーヴ (1943-) 女優、1989-2000 イネス・ド・ラ・フレサンジュ (1957-) モデル・デザイナー・実業家、2000-03 レティシア・カスタ (1978-) モデル・女優、2003-09 エヴリーヌ・トマ (1964-) 歌手・司会者、2009-12 フロランス・フォレスティ (1973-) コメディアン、2012- ソフィー・マルソー (1966-) 女優。

34　CLÉS POUR LA FRANCE 2

35

テキストは、原文を味わえるよう全て『Clés pour la France』から引用。80 あるテーマ別、レベル別例文から日本人に身近な話題、レベルを考慮し、できるだけ様々なジャンルが入るように選択。

文法解説では、読解に必要な知識を補完。右の練習問題と合わせて、より読解力をつけることができる。(Leçon 10 まで)

文章の読み上げ音声について
本教材には各文章を読み上げた音声が用意されています。下記のサイトからご利用いただけます（サイトへの登録が必要です）。スマートフォンなどでもご利用いただけます。
https://www.hachette-japon.jp/cles2

レベルに応じた語註で、読解を手助け。語法についても明示してあるので、文の構成がとりやすい。(Leçon 14 まで)

語彙レベルの註と、文化レベルの註を分離し、特に文化に関する註に力を入れた。この註を読むことで、文の背景を知ることができ、知識が深まる。

Grammaire

MARIANNE

Exercices

現在分詞

〔形態〕原則として直説法現在形1人称複数形の語幹に -ant を付ける。

(ex.) danser → nous dansons → dansant
finir → nous finissons → finissant
faire → nous faisons → faisant

＊例外は avoir → ayant, être → étant, savoir → sachant のみ。

〔用法〕a) 最も近い名詞（代名詞）にかかるが、その際、動詞の能動的性質を有する。名詞との性数一致は行わない。

Il y a beaucoup de gens cherchant le travail. (= qui cherchent)
職を探している人がたくさんいる。

b) 主語の同格として、分詞構文を構成する。

Ayant de la fièvre, elle est restée à la maison toute la journée.
熱があったので、彼女は一日家にいた。

ジェロンディフ

〔形態〕（en + 現在分詞）

〔用法〕現在分詞が形容詞的に名詞にかかるのに対して、ジェロンディフは副詞的に動詞にかかる。同時性、原因、理由、手段、対立、譲歩、条件など、さまざまな意味を表す。基本的にジェロンディフの意味上の主語は主語の動詞に一致する。

Tu ne dois pas lire en mangeant. (manger)
食べながら本を読んではいけない。

En faisant trop d'heures supplémentaires, il est finalement tombé malade. (faire)
あまりに仕事をしすぎて、彼はとうとう病気になった。

En prenant un taxi, tu peux y arriver plus vite. (prendre)
タクシーに乗れば、もっと早く着ける。

Tout en ayant mal à la gorge, il n'arrête pas de fumer. (avoir)
のどが痛いのに、彼はたばこをやめない。

＊同時性や対立・譲歩を強調するとき、tout を伴うことがある。

1 与えられた動詞を現在分詞にして記入し、全文を日本語に訳しなさい。
Traduisez les phrases suivantes en japonais, en mettant les verbes indiqués au participe présent.

1) Je l'ai entendue ( ) du piano. (jouer)
2) ( ) très occupé, j'ai dû rester au bureau. (être)
3) En ( ) la première rue à droite, vous allez à la gare. (prendre)
4) Il est très dangereux de téléphoner en ( ). (conduire)

2 本文の内容に一致するものには **vrai** を、一致しないものには **faux** を（ ）に記入しなさい。
Répondez par vrai ou faux.

1) Marianne représente la République française et la liberté. ( )
2) Le bonnet qu'elle porte symbolise la liberté retrouvée. ( )
3) *La liberté guidant le peuple* représente Marianne à la Révolution de 1789. ( )

3 本文の内容に即して、次の設問にフランス語で（あるいは日本語で）答えなさい。
Répondez en français (ou en japonais) aux questions suivantes.

1) Où peut-on voir la statue de Marianne en France ?
2) De quelle époque Marianne vient-elle ?
3) Le visage de Marianne est-il fixé ?

4 調べてみよう！
Cherchez !

「民衆を導く自由の女神」などの図像において、マリアンヌがどのように描かれているかを実際に確認してみましょう。

36 CLÉS POUR LA FRANCE 2　　　37

練習問題は〔文法練習問題＋内容読解問題〕で構成されており、特に「調べてみよう」では、テキストを離れた活動も要求している。Leçon 11 からは文法問題はなく、内容に関する問題のみ。

FROMAGES

フロマージュ

チーズは、パン、ワインと並んでフランス人の食生活に無くては
ならない食材です。

Avec le pain et le vin, le fromage constitue le troisième côté du « triangle sacré »

de la gastronomie française, considérée dans son aspect le plus élémentaire. On peut

en effet concevoir en France un excellent déjeuner composé uniquement de ces trois

éléments, avec peut-être en plus quelques olives noires et une salade verte bien

5 assaisonnée.

Il existe près de quatre cents variétés de fromages en France, chaque région

en produit, selon des méthodes et des traditions particulières : le camembert en

Normandie, le brie à Meaux, le cantal en Auvergne, le roquefort en Aveyron... Comme

pour les vins, certains fromages reçoivent le label d'Appellation d'Origine Contrôlée

10 (AOC), qui garantit la qualité de leur fabrication. On utilise trois types de lait, celui de

la vache, celui de la chèvre et, moins souvent, celui de la brebis.

Dans un menu classique, le fromage

arrive en quatrième position, après l'entrée,

le plat principal et la salade, juste avant

15 le dessert. Plusieurs types sont alors

présentés sur un plateau, on les

déguste avec du pain, généralement

du plus doux au plus corsé.

1 ▶ constitue : < constituer

　▶ côté : 男性名詞で、多角形の「辺」を意味する。

　▶ triangle sacré :「神聖な三角形」

2 ▶ gastronomie :「美食学（術）」（料理をおいしく作り、食べる方法）

　▶ considérée dans son aspect le plus élémentaire :「そのもっとも基本的な側面において捉えられた」considérée（considérer の過去分詞）は gastronomie にかかる。また son も gastronomie を指す。le plus élémentaire は最上級の表現で aspect にかかっている。

3 ▶ en effet : 前文の内容を受け、「まさにその言葉の通り」とも取れるが、「実際に〜なのだから」と、前文についての論理的な説明を導く用法としても理解できる。

　▶ composé... de... :「〜によって構成された」。composé は composer の過去分詞で直前の名詞にかかる。

4 ▶ en plus :「それに加えて」。発音は [ɑ̃plys]。

　▶ salade verte :「グリーンサラダ」。緑色系を中心とした生野菜のサラダを指す。コース料理では一般にチーズやデザートの前に食し、オードブルやアントレに出されるサラダ（温野菜や肉類などを含む）と区別する際にこの表現が用いられる。

5 ▶ assaisonnée : < assaisonner「（塩やこしょう、酢、油などで）味付けをする」

6 ▶ il exite... : < exister「〜が存在する」。il は非人称主語で près de 以下を受ける。巻末の補遺Ⅶ「非人称構文」を参照。

7 ▶ en produit : en は中性代名詞。直接目的語として fromages を受ける。produit < produire

8 ▶ Comme pour les vins :「ワインに対してと同様に」

9 ▶ certains... :〔certains ＋複数名詞〕で「いくつかの、特定の」

　▶ reçoivent : < recevoir

10 ▶ garantit : < garantir

　▶ celui : = le lait

15 ▶ Plusieurs types : = Plusieurs types de fromages

16 ▶ plateau : = plateau à fromages「チーズボード」（各種のチーズを盛ったトレイ）

　▶ les : = Plusieurs types

　▶ déguste : < déguster「（ワインやチーズなどを）楽しみ味わう」

18 ▶ du plus doux au plus corsé : = du fromage le plus doux au fromage le plus corsé「もっとも穏やかなチーズからもっとも濃厚な味わいのチーズまで」。〔de... à...〕「〜から〜まで」。

■**camembert en Normandie** (L.7)

　今日「カマンベール」は世界中で牛乳から造られる軟質白かびタイプの円盤形チーズを指し、日本でも生産されているが、もともとはフランス北部ノルマンディ地方のカマンベール村に由来する。フランス革命の際に逃れてきた修道士からブリーチーズ（次の注を参照）の製法を教わった農婦マリー・アルレが独自に工夫したとされる。ナポレオンが好んだことでも有名で、そもそもカマンベール村を訪れた皇帝がこのチーズにその名を付けたといわれる。なお本家ノルマンディ地方で伝統的な方法で生産されているカマンベールは Camembert de Normandie と呼ばれ、1983 年に AOC（後の注を参照）の認定を受けている。

■**brie à Meaux** (L.8)

　元来ブリーはパリ盆地の東側、セーヌ川とマルヌ川にはさまれた地方で、その中心都市がモー。チーズとしての「ブリー」は、一般にイール・ド・フランスおよびシャンパーニュ地方で牛乳から造られる軟質白かびタイプ（角形）を指す。Brie de Meaux という呼称のチーズは、セーヌ川上流の都市ムーランの名を冠した Brie de Moulin とともに 1980 年に AOC の認定を受けている。ブリーチーズの歴史は古く、シャルルマーニュ大帝 (742-814) がこの地方の修道院を訪れた際に食したとされる。

■**cantal en Auvergne** (L.8)

　「カンタル」はフランス中央部オーベルニュ地方カンタル県を中心とした地域で牛乳から造られる半硬質タイプのチーズ。1956 年に AOC の認定を受けている。2000 年以上の歴史をもち、数々の文学作品や歴史書に登場する。

■**roquefort en Aveyron** (L.8)

　「ロックフォール」は中央山地の南西部、ルエルグ地方アヴェロン県のロックフォール・シュル・スールゾンに由来する。この地方には洞穴が多くあり、そこで熟成させる。羊乳で造る青かびチーズで、味も香りも強い。チーズとしては初めて、1925 年に AOC の認定を受けた。歴史はきわめて古く、古代ローマのプリニウス（博物学者：23-79）がすでに言及している。

■**Appellation d'Origine Contrôlée**（AOC）(L.9)

　「原産地統制名称」（「原産地呼称統制」などと訳されることもある）。定められた原料や製法などの条件を満たした食材や食品に限って、その原産地名を記載できるというシステム。1919 年 5 月 6 日の法令で制定された。2009 年 5 月以降は、EU が原産地の名称を保証する「原産地保護名称」Appellation d'Origine Protégée (AOP) へと拡大し、AOC は AOP へと切り替わりつつある。現在チーズで AOP の認定を受けているものは 46 種。いっぽうワインは約 350 種。

■**trois types de lait** (L.10)

　チーズの原料として、フランスでは主に「牛乳」「山羊乳」「羊乳」、およびそれらの混合乳が用いられる。

■**menu classique** (L.12)

　menu は、コース料理や定食など、あらかじめ定められた献立のこと。menu classique とは、前菜に始まりデザートで終わる伝統的なコース料理を指す。なお、日本で「メニュー」と呼ばれているものはフランス語では carte である。à la carte「アラカルト」は、献立表から 1 品ずつ選んで注文する場合をいう。

■**l'entrée** (L.13)

　「アントレ」は元来「入り口」の意味。古典的なコース料理では、オードブルまたはポタージュ、ルルヴェ（relevé：後段料理）の後、つまり第 3 番目の料理を指したが、現在ではオードブルの意味で用いることも多い。ちなみに「オードブル」hors-d'œuvre は、〔hors de...〕「～の外」と〔œuvre〕「作品」を組み合わせた語で、もともと本館とは離れた別館を表す建築の用語であったが、後にコース料理に含まれない 1 品に対しても使われるようになった。

Grammaire

人称代名詞

直接目的語の 3 人称 (le, la, les) では人以外の物や事がらも指す。

		単　数			複　数			
	主語	直接目的語	間接目的語	強勢形	主語	直接目的語	間接目的語	強勢形
1人称	je	me(m')	me(m')	moi	nous	nous	nous	nous
2人称	tu	te(t')	te(t')	toi	vous	vous	vous	vous
3人称	il elle	le(l') la(l')	lui	lui elle	ils elles	les	leur	eux elles

　　* 目的語の人称代名詞は動詞の直前に置かれる。
　　　Aimez-vous vos enfants ? – Bien sûr ! Je *les* aime beaucoup.
　　　Tu écris à tes parents ? – Oui, je *leur* écris souvent.

　　** 補遺 I「基本文型と文の要素」および補遺IV「人称代名詞強勢形（自立形）」もあわせて参照。

中性代名詞　　en

1）不特定と見なされる名詞を直接目的語として受ける。

　　Vous avez <u>des sœurs</u> ? – Oui, j'*en* ai une.
　　　女のごきょうだいはおられますか？——はい、1 人います。

　　* 特定化された名詞を直接目的語として受けるときには、直接目的の人称代名詞 3 人称 [le, la, les] を用いる。

　　(*ex.*) Vous connaissez <u>ce monsieur</u> ? – Oui, je *le* connais bien.
　　　　あの男の人をご存じですか？——はい、よく知っています。

2）〈前置詞 de ＋名詞（句・節）〉を受ける。ただし人以外のものや事がら。

　　<u>Son fils est le président d'une société</u>, et elle *en* est très fière. (être fier de)
　　　彼女の息子は会社の社長で、彼女はそれをとても自慢に思っている。

　　** その他の中性代名詞の用法については補遺III「中性代名詞」の項を参照。

Exercices

1 適切な代名詞を（　　　）内に記入し、全文を日本語に訳しなさい。

Traduisez les phrases suivantes en japonais, en les complétant avec le pronom qui convient.

1) Combien d'œufs vas-tu acheter ?　– Je vais (　　　) acheter une douzaine.

2) Cette chanteuse-là, je (　　　) adore !

3) Elle a reçu mon cadeau ?　– Oui, il (　　　) a beaucoup plu.

4) Sa mère est contente de ses fiançailles ?
　　– Non, elle n' (　　　) est pas contente du tout.

2 本文の内容に一致するものには **vrai** を、一致しないものには **faux** を（　　　）に記入しなさい。

Répondez par vrai ou faux.

1) Il y a environ trois cents sortes de fromages en France.　　　　　　　（　　　）

2) Certains fromages régionaux obtiennent une distinction spéciale.　　（　　　）

3) Quand on vous sert plusieurs types de fromage, vous les dégustez du plus corsé au plus
　　doux.　　　　　　　　　　　　　　　　　　　　　　　　　　　　　（　　　）

3 本文の内容に即して、次の設問にフランス語で（あるいは日本語で）答えなさい。

Répondez en français (ou en japonais) aux questions suivantes.

1) Qu'est-ce qui accompagne bien le fromage ?

2) Avec quelles sortes de lait fait-on le fromage ?

3) Dans un menu traditionnel, à quel moment mange-t-on le fromage ?

4 調べてみよう！

Cherchez !

世界各国のチーズの生産量と消費量を調べてみましょう。

CARTOGRAPHIE : Hachette Éducation

VINS ET EAUX

ワインとミネラルウォーター

フランスといえばワイン。ボルドーやブルゴーニュなどの産地
が有名です。しかし近年、国内のワイン消費量は減少傾向に⁉

En France, les vignobles sont surtout situés dans la partie sud du pays, à l'exception du champagne et des vins d'Alsace, qui sont produits dans le nord-est. Les régions viticoles les plus célèbres sont la Bourgogne et le Bordelais, où l'on cultive la vigne depuis plus de deux mille ans. Mais d'excellents vins sont produits dans la vallée du

5　Rhône, en Provence, dans le Languedoc et Roussillon, la vallée de la Loire, l'Anjou.

Les vins ont une personnalité, un corps, un esprit. Un vin est le résultat d'une alchimie complexe entre le climat, la terre et le travail du vigneron après la cueillette du raisin au moment des vendanges, généralement en septembre. Le temps fait le reste. Un bordeaux est meilleur après quelques années, il est plus robuste et ses parfums se

10　sont développés. Le bourgogne vieillit moins bien, mais il est acide s'il est trop jeune. Le beaujolais doit être bu rapidement, dans les mois qui suivent sa fabrication.

Le vin, c'est également un subtil mariage avec les mets : le vin blanc convient mieux en général au poisson et à la volaille, le rouge se marie bien avec les viandes et le fromage. Au cours d'un repas, plusieurs vins différents peuvent être servis.

15　Depuis une trentaine d'années, la consommation de vin en France a fortement baissé. En fait, la boisson préférée des Français est l'eau. La France est l'un des premiers producteurs du monde d'eaux minérales et chaque Français en consomme en moyenne plus de 200 litres par an.

1 ▶ vignoble :「ぶどう畑」。vigne「ぶどうの木」から派生した語。

  ▶ à l'exception du... :〔à l'exception de...〕「〜を除いて」

2 ▶ sont produits : produire の受動態。受動態については第 4 課の Grammaire を参照。

3 ▶ viticoles : viticole「ぶどう栽培の」。viti- は「ぶどう（の木）」を表す。

  ▶ l'on : on の前に et, ou, que, si などの接続詞がくる場合、母音の衝突を避けるために l'on とすることがある。この l' に意味はない。

4 ▶ plus de... :〔plus de + 数詞〕「〜以上」

  ▶ d'excellents vins :〔複数形容詞 + 複数名詞〕に不定冠詞をつける場合、一般に des は de (d') となる。

6 ▶ Les vins / Un vin : 実際に飲むものとしてのワインは量として捉えられ、数えられないが (ex. On boit du vin.)、さまざまな種類の 1 つ、あるいは不特定な 1 本のワインとして捉えるときには可算名詞となる。この場合、前者にはワインの種類全体を表す複数定冠詞 les が、後者には不特定の 1 種類（あるいは 1 本）のワインであることを示すため単数不定冠詞 un が付けられている。

7 ▶ alchimie complexe entre... :「〜の複雑な錬金術」。前置詞 entre の後に、合成物の素材となる le climat, la terre, et le travail du vigneron... という 3 つの要素が列挙されている。「錬金術」はもとは中世ヨーロッパで試みられた卑金属を貴金属に変質させる秘術で近代化学の発端ともなったものだが、この場合は一般の物質をもとにして完全な物質「ワイン」へと変化させることを指す。

7-8 ▶ cueillette / vendanges : 前者は具体的にぶどうを摘み取ること (< cueillir : 摘む) を、後者は一定の時期に行われるぶどうの収穫を意味する。

8 ▶ raisin :「(1 粒 1 粒の) ぶどうの実」。「ぶどうの房」は grappe (f.)。

  ▶ le reste :「残り→収穫の後に残された作業→熟成」

9 ▶ meilleur : bon の比較級。比較の対象「すぐに飲む（よりも）」が略されている。次の文の plus robuste も同様。

  ▶ se sont développés : < se développer の複合過去。過去分詞の性数は se（再帰代名詞）= ses parfums

（主語）に一致。事態を自然に起こったものとして捉える用法。中立的用法や自発的用法と呼ばれる。代名動詞については第 5 課の Grammaire を、また代名動詞の複合過去については第 7 課の Grammaire を参照。

10 ▶ vieillit : < vieillir「年を取る→熟成する」

  ▶ moins bien : 副詞 bien の劣等比較級（より程度が低いことを表す）

  ▶ s'il : = si + il。si は接続詞。

11 ▶ doit être bu : doit < devoir、bu < boire、être bu は boire の受動態不定詞。

  ▶ dans... :「（いまから）〜後に」

  ▶ suivent... : < suivre「〜に続く」

12 ▶ mariage :「結婚→組合せ」

  ▶ mets : (m.) 単複同形。食事の間に出される（1 皿 1 皿の）料理。plat（「皿に盛られた料理」）が料理の内容（肉料理など）や完成された仕上がりなどを含意するのに対し、mets はやや文語的で、食べられた料理の味わいを喚起する。

  ▶ convient... au... à... :〔convenir à...〕「〜に適している」

13 ▶ en général :「一般に」

  ▶ mieux : < bien の比較級。

  ▶ volaille : 主として鶏肉だが、飼育された鳥類（七面鳥、ガチョウ、鳩など）の料理一般を指す。それに対し野鳥を含め野生動物の料理は gibier という。

  ▶ se marie... avec... :〔se marier avec...〕「〜と結婚する→〜と調和する」

  ▶ les viandes : 牛、豚、羊、馬など肉料理の種類全体を表すため、複数の定冠詞が付いている。

14 ▶ Au cours d'... :〔au cours de〕「〜の間に」。cours はもともと「流れ」の意味。

  ▶ peuvent être servis : peuvent < pouvoir、servi(s) < servir。être servis は servir の受動態不定詞。

15 ▶ une trentaine d'... :〔une trentaine de...〕「30 ほどの〜」。(cf.) dizaine, vingtaine

16 ▶ a... baissé : < baisser の複合過去。複合過去については第 4 課の Grammaire を参照。

  ▶ En fait : 発音は [ɑ̃fɛt]。de fait が前文を受けて「実際、その通り」という意味を表すのに対し、en fait は対立のニュアンスを有することが多い。この場合は、「（一般に思われているのとは違って）

15

実は」という意味。

17 ▶ l'un des premiers producteurs：「有数の生産国の 1 つ」。un は不定冠詞ではなく、「1 つ」を表す不定代名詞。それに定冠詞が付いて l'un となっている。

19 ▶ en consomme：en は eaux minérales を指す中性代名詞で consommer の直接目的語となっている。en を使わなければ、〔consommer... plus de

200 litres d'eau minérale...〕となる。直接目的語が特定化されている場合は、人称代名詞 (le, la, les) を用いるが、このように数量副詞がつくなどして不特定の場合には en を用いる。

▶ en moyenne：「平均して」

▶ par an：「1 年につき」

Clés

■ **champagne** (L.2)

パリ盆地東部のシャンパーニュ地方 Champagne で、AOC（第 1 課の注を参照）に定められた基準のもとに造られる白またはロゼの発泡性ワイン。それ以外は通常スパークリングワインと呼ばれる。日本で用いられる「シャンペン／シャンパン」は英語読みの「シャンペイン」がさらになまったもの。

■ **vins d'Alsace** (L.2)

「アルザス」はフランスの東部、ドイツと国境を接する地方で、中心都市は現在 EU の要でもあるストラスブール。かつてアルザス地方では隣りのロレーヌ地方とともに、しばしばフランスとドイツとの間で領土をめぐる争いがあった（アルフォンス・ドーデの短編『最後の授業』(1873) などを参照）。またアルザス語と呼ばれる言語を持ち、独自の文化を有する。ここでは優れた風味の辛口白ワインを産する。一般にボトルは「フルート形」flûte で細長く、その色は緑。

■ **Bourgogne** (L.3)

「ブルゴーニュ」はフランス中東部に位置し、ソーヌ川に沿って南北に細長く拡がる地域。古くから交通の要衝として栄えた。中心都市はディジョン。高級ワインの産地として有名だが、豊かな食材に恵まれた美食の地である。

■ **Bordelais** (L.3)

「ボルドー地方」。フランスの南西部、ガロンヌ川とドルドーニュ川、およびそれらが合流して大西洋に注ぐジロンド川の流域に拡がる地域。ぶどう栽培が盛んで高品質のワインを産する。中心都市は「ボルドー」Bordeaux。

■ **vallée du Rhône** (L.4)

「ローヌ川流域」。ローヌ川はスイスの南部に発してレマン湖に至り、フランス東南部を経て地中海に注ぐ大河。リヨンの南からアヴィニョンにいたる広大な地域は Côtes du Rhône と呼ばれるぶどう栽培地。日照に恵まれて一般に色が濃く、アルコール濃度の高い力強いワインとなる。

■ **Provence** (L.5)

「プロヴァンス地方」。ローヌ川の東からイタリアに至る地中海に面した地域で、中心都市はマルセイユやニースなど。フランス最古のぶどう栽培地といわれる。きめ細かく爽やかな味わいを特徴とする。

■ **Languedoc et Roussillon** (L.5)

「ラングドック・ルシヨン地域圏」。地中海沿いにローヌ川の西からスペイン国境に拡がる地域をさす。ラングドックの名の由来は「オック語」langue d'Oc で、中心都市はモンプリエ。西隣のルシヨン地方はフランス最南部にあたり、スペインと国境を接する。ぶどう栽培にきわめて適した地域で、フランスワインの 3 分の 1 以上がこの地域圏で生産されている。大半は日常的に消費されるテーブルワインや地酒だが、近年では AOC の認定を受けた優れた品質のワインも多く造られている。

■**vallée de la Loire** (L.5)

　「ロワール川流域」。ロワール川は中央山地の東に端を発して北上し、パリ盆地南のオルレアンで西に転じて大西洋に注ぐ、フランス最長の川。河口の都市はナント。ルネッサンス期にその流域に造られた古城群は世界遺産となっている。ぶどうの山地は流域に広く拡がり、辛口白のサン・セールや赤のシノンなどがよく知られている。

■**Anjou** (L.5)

　「アンジュー地方」。ロワール川下流の地域で、甘口のロゼワインが有名。

■**bordeaux** (L.9)

　「ボルドー」。Bordelais 地方で生産されるワインの総称。フランスワインの女王とも呼ばれ、赤ワインで有名なメドック、サン＝テミリオン、ポムロール、辛口白ワインのグラーヴ、甘口白の貴腐ワインを産するソーテルヌなどの地区は世界的に知られている。中でもメドックは、「シャトー・マルゴー」（マルゴー村のシャトーで造られたワインで、日本では渡辺淳一の『失楽園』(1997) で有名になった）を始め銘酒を産する。赤ワインはタンニンを多く含むカベルネ・ソーヴィニョン種の黒ぶどうをベースとし、どっしりとして濃厚、渋みと酸味が一体となった独特の味わいをもつ。ボトルは濃緑色でいかり肩の形をしている。

■**bourgogne** (L.10)

　「ブルゴーニュ」。Bourgogne 地方で生産されるワインの総称。フランスワインの王とも呼ばれ、ボルドーと双璧をなす。白ワイン（シャルドネ種のぶどうを用いる）では、シャブリ地区のシャブリやコート・ドゥ・ボーヌ地区のムルソー、コルトン・シャルルマーニュ、さらにはマコネー地区のマコンなどが有名。赤ワインには、コート・ドゥ・ニュイ地区のシャンベルタンやロマネ・コンティ、ボーヌ地区のポマールなどがある。赤ワインに用いるぶどうはタンニン成分の少ないピノ・ノワール種で、繊細でフルーティーな味わいだが、熟成させると芳醇な香りが強くなる。ボトルはなで肩、枯葉色系の茶色が一般的とされる。

■**beaujolais** (L.11)

　「ボジョレー」。ブルゴーニュ地方の最南部に位置し、マコネー地区の南からソーヌ川沿いにリヨン近郊まで拡がるぶどう栽培地 Beaujolais で生産されるワインの総称。毎年 11 月の第 3 木曜日に解禁するボジョレーの新酒 Beaujolais Nouveau は日本でもお馴染み。

■**la consommation de vin en France a fortement baissé** (L.15)

　O.I.V.（Organisation Internationale de la Vigne et du Vin）「国際ぶどう・ワイン機構」の統計によれば、2022 年の世界のワイン消費量は、1 位アメリカ、2 位フランス、3 位イタリア、4 位ドイツ、5 位イギリスとなっており、その後にロシア、スペイン、中国がくる。フランスにおけるワイン消費は、ここしばらく減少傾向が続いている。

　また、2022 年度の世界のワイン生産量は、イタリアが 1 位でフランスは 2 位だったが、両国の生産量は拮抗している。3 位以下はスペイン、アメリカ、オーストラリア、チリ、アルゼンチン、南アフリカ、ドイツ、ポルトガルと続く。

■**l'un des premiers producteurs du monde d'eaux minérales** (L.17)

　Evian エヴィアン、Volvic ボルヴィック、Contrex コントレックス、Vittel ヴィッテル、Perrier ペリエ（炭酸入り）などは日本でもお馴染み。2022 年における日本のミネラルウォーター消費量全体に占める輸入品の割合は 5.3% にすぎないが（日本ミネラルウォーター協会の統計による）、そのうちフランス製品が多くを占める。日本人 1 人当たりの年間消費量は着実に増え、2022 年には 37.7 リットルで過去最高を記録したが、フランスの 138.7 リットルに比べるとはるかに少ない。

Grammaire

比較級 と 最上級

1) 形容詞・副詞

（比較級） plus / aussi / moins ＋ 形容詞 / 副詞 ＋ que ＋ 比較の対象

plus はより高い程度を、aussi は同程度を、moins はより低い程度を表す。

Sophie est *plus* grande *que* sa mère.

　ソフィーは母親より背が高い。

Victor est *aussi* sérieux *que* sa sœur.

　ヴィクトールは姉と同じくらいまじめだ。

Il court *moins* vite *qu'*elle*.

　彼は彼女より走るのが遅い。

* 比較の対象が人称代名詞の場合には、強勢形（自立形）を用いる。

（最上級） 定冠詞 ＋ plus / moins ＋ de, dans, parmi... ＋及ぶ範囲

形容詞の場合、定冠詞はかかる名詞の性数に従って le, la, les を用い、また定冠詞にかえて所有形容詞を用いることもあるが、副詞の場合はつねに le を用いる。

Sophie est *la plus* grande *de* sa famille.

　ソフィーは家族の中で一番背が高い。

Dans sa classe, c'est Victor qui court *le moins* vite*.

　クラスで走るのが一番遅いのはヴィクトールだ。

* 副詞の最上級が用いられる場合、強調構文をとることが多い。

2) bon / bien

bon の比較級は meilleur(e)(s)、bien の比較級は mieux となる。ただし、同等および程度が低い場合には aussi bon(ne)(s)、moins bon(ne)(s)、aussi bien、moins bien を用いる。

Elle chante *mieux que* moi.

　彼女は私よりも歌が上手だ。

C'est un de *mes meilleurs* souvenirs.

　これは私の最良の想い出の１つだ。

Ce vin est *aussi bon que* celui-là.

　このワインはあのワインと同じくらいおいしい。

3) beaucoup

beaucoup は程度の高い比較と低い比較には、plus / moins を用いるが、同等の場合は autant を用いる。

Elle travaille *autant que* son frère aîné.

　彼女は彼女の兄と同じくらい勉強する。

Exercices

1 各文を日本語に訳しなさい。

Traduisez les phrases suivantes en japonais.

1) Mon père n'est pas aussi jeune que vous le pensez.

2) Elle a moins de patience que sa sœur.

3) Thomas est un de mes meilleurs amis.

4) Je fais de mon mieux.

2 本文の内容に一致するものには **vrai** を、一致しないものには **faux** を（　　　）に記入しなさい。

Répondez par vrai ou faux.

1) Les vins les plus fameux en France viennent de Provence et du Languedoc et Roussillon.

（　　　）

2) Le Beaujolais se consomme très « jeune ». （　　　）

3) En France, la consommation du vin augmente depuis trente ans. （　　　）

3 本文の内容に即して、次の設問にフランス語で（あるいは日本語で）答えなさい。

Répondez en français (ou en japonais) aux questions suivantes.

1) À quelle époque récolte-t-on le raisin ?

2) Quel vin s'améliore avec le temps ?

3) Quels plats le vin rouge peut-il accompagner ? Et le blanc ?

4 調べてみよう！

Cherchez !

日本におけるワインの生産と消費について調べてみましょう。

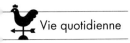
CONCIERGE

コンシエルジュ

アパルトマンの管理人「コンシエルジュ」は、フランス都市生活の風景の一部
ともいえる存在です。

Derrière le rideau de la porte de sa loge du rez-de-chaussée, elle surveille les entrées et les sorties des locataires. Elle distribue le courrier, qu'elle place sous les portes, elle nettoie les couloirs et les escaliers et elle sait tout ce qui se passe dans l'immeuble.

5 Elle rend des petits services, garde les enfants au retour de l'école, arrose les plantes pendant les vacances. On lui emprunte du sel si on n'en a plus. Elle reçoit des étrennes au jour de l'an ou des chocolats à Noël ; on s'assure de maintenir de bonnes relations avec elle.

Le métier de concierge disparaît peu à peu, son rôle devient inutile avec les 10 fermetures à code électronique aux entrées des immeubles et les entreprises de service à domicile. La concierge reste cependant un personnage important de la vie quotidienne en France, elle apparaît souvent dans les romans, dans les films, comme dans *Le Fabuleux destin d'Amélie Poulain*.

1 ▶ rez-de-chaussée : rez は ras の古形で「すれすれ
　　の高さ」、chaussée は「車道」を意味する。「車道
　　すれすれの高さ」ということから建物の 1 階部
　　分を指すようになった。2 階は premier étage、3
　　階は deuxième étage... となる。

　▶ surveille : < surveiller

2 ▶ distribue : < distribuer

　▶ le courrier, qu'elle place : qu' = que　関係代名
　　詞で動詞 placer の直接目的語 le courrier を先行
　　詞としている。

　▶ sous les portes : 各戸（部屋）のドアの下に

3 ▶ nettoie : < nettoyer

　▶ sait : < savoir

　▶ tout ce qui se passe : 「起こることすべて」。qui
　　は関係代名詞で動詞 se passer「（事件などが）起
　　こる」の主語 ce「ものやことを表す不定代名詞で
　　性数変化をしない」を先行詞としている。形容詞
　　tout は ce にかかっている。

4 ▶ immeuble : 建物としてのマンションを指す。一
　　方、マンションを構成する各戸は appartement と
　　呼ばれる。

5 ▶ rend : < rendre

　▶ des petits services : 一般に、〔複数形容詞 + 名詞〕

の前に置かれる不定冠詞 des は de
となるが、このように petit と service
の結びつきが強く、1 つの語として捉えられるよ
うな場合には、des は de とならない。

6 ▶ lui emprunte : lui = à la concierge、〔emprunter +
　　直接目的語（à + 人）〕「（人）から〜を借りる」

　▶ on n'en a plus : en は中性代名詞。avoir の直接目
　　的語として du sel を受ける。〔ne... plus...〕「もう
　　〜ない」。

　▶ reçoit : < recevoir

7 ▶ jour de l'an : 「元旦」

　▶ s'assure de : 〔s'assurer de...〕「〜を確認（確保）
　　する」

9 ▶ disparaît : < disparaître

　▶ peu à peu : 「少しずつ」

　▶ devient : < devenir。次に補語を取る。

　▶ avec : 原因を表す。

10 ▶ fermetures à code électronique : 「電子コードを
　　用いたオートロック装置」

　▶ entreprises de service à domicile : 「家庭向けセ
　　キュリティサービスの会社」

11 ▶ reste : < rester「〜のままでとどまっている」

12 ▶ apparaît : < apparaître

■concierge

　コンシェルジュ（日本では「コンシェルジュ」とも表記）は元来大きな建物や館を管理する仕事に従事する者を指し、一般にはアパルトマンの管理人や学校や会社の守衛などの意味で用いられることが多かったが、近年住宅事情の変化により「管理人」自身の存在とともにその意味も次第に失われつつある。最近では、とりわけホテルなどで客をもてなすプロフェッショナルな職業としての意味合いで使用されることが多い。日本ではマンガ『コンシェルジュ』（いしぜきひでゆき原作〈2003-2010〉）の影響もあって、その意味合いがすでに定着し、さらに医療コンシェルジュ、引っ越しコンシェルジュ、賃貸コンシェルジュなど、さまざまな新造語が登場している。NHK でも「BS コンシェルジュ」や「歌うコンシェルジュ」などの番組が制作されている。

■*Le Fabuleux destin d'Amélie Poulain* (L.12)

　ジャン＝ピエール・ジュネ監督、オドレイ・トトゥー主演のこの映画（直訳すると「アメリ・プーランの奇想天外な運命」2001 年公開）は世界中で大ヒットを記録し、日本では『アメリ』と題して 2002 年に公開された（第 9 課を参照）。成長した主人公が人捜しをするために自分の住むアパルトマンのコンシェルジュを訪れる場面がある。

　また、さまざまな賞を獲得し、ベストセラーともなった Muriel Barbery ミュリエル・バルベリの小説 *Élégance du hérisson*『優雅なハリネズミ』（2006. 翻訳 2008）では、主人公である未亡人のコンシェルジュ、Renée ルネの目を通して居住者の姿が描き出されると同時に、コンシェルジュの生態がきわめて忠実に再現されている。日本人紳士 Ozu も重要人物として登場する。

Grammaire

関係代名詞 qui, que, dont, où

ある名詞を1つの文で修飾するとき、その文は形容詞節（または関係詞節）、その名詞は先行詞と呼ばれる。文を名詞に繋ぐ際、接続機器の役割を果たすのが関係代名詞。ただし接続の仕方によって、異なる関係代名詞を用いなければならない。

1）先行詞が次に来る文の主語になっている場合：qui

（先行詞は人でも人以外のものでもかまわない）

J'ai un ami *qui* adore les chansons françaises.
　　私にはフランスの歌が大好きな友人がいる。

Il achète une voiture *qui* roule très vite.
　　彼はとてもスピードが出る車を買う。

2）先行詞が次に来る文の動詞の直接目的語になっている場合：que（qu'）

（先行詞は人でも人以外のものでもかまわない）

Vous connaissez la dame *que* vous voyez là-bas ?
　　あそこにいるご婦人をご存じですか？

Elle me prête ce livre *qu'*elle aime beaucoup.
　　彼女は自分が大好きなあの本を私に貸してくれる。

3）前置詞 de を含む：dont

J'ai une amie *dont* le père est un écrivain célèbre.
　　私には、有名な作家を父親にもつ女友だちがいる。
　　　　（J'ai une amie. + Le père de cette amie est un écrivain célèbre.）

C'est le dictionnaire *dont* nous avons besoin.
　　これは私たちが必要としている辞書だ。
　　　　（C'est le dictionnaire. + Nous avons besoin de ce dictionnaire.）

4）場所や時を表す：où（関係副詞とも呼ばれる）

Elle va au lycée *où* sa tante enseigne l'anglais.
　　彼女は彼女の叔母が英語を教えている高校に通っている。
　　　　（Elle va au lycée. + Sa tante enseigne l'anglais dans ce lycée.）

Aujourd'hui, c'est le jour *où* mon fils part pour le Japon.
　　今日は、私の息子が日本に向けて出発する日です。
　　　　（Aujourd'hui, c'est le jour. + Aujourd'hui mon fils part pour le Japon.）

— E x e r c i c e s —

1 適切な関係代名詞を（　　　　　　）内に記入し、全文を日本語に訳しなさい。

Traduisez les phrases suivantes en japonais, en les complétant avec le pronom relatif qui convient.

1) Le petit garçon (　　　　　　) joue devant la maison est mon fils.

2) Le train (　　　　　) tu prends est en retard de 30 minutes.

3) Tu connais ce romancier russe (　　　　　) on parle beaucoup ?

4) Voilà le village (　　　　　) vivent mes grands-parents.

2 本文の内容に一致するものには **vrai** を、一致しないものには **faux** を（　　　）に記入しなさい。

Répondez par vrai ou faux.

1) La concierge n'est pas au courant de ce qui se passe dans l'immeuble.　　　（　　　）

2) On donne à la concierge un petit cadeau à la fin de l'année.　　　（　　　）

3) On peut observer la vie d'une concierge dans le film *Amélie*.　　　（　　　）

3 本文の内容に即して、次の設問にフランス語で（あるいは日本語で）答えなさい。

Répondez en français (ou en japonais) aux questions suivantes.

1) Quel est le rôle d'une concierge ?

2) Que les locataires peuvent-ils demander à la concierge ?

3) Il y a de moins en moins de concierges en France. Pourquoi ?

4 調べてみよう！

Cherchez !

映画『アメリ』や小説『優雅なハリネズミ』のなかでコンシエルジュはどのように描かれているでしょう？

JEANNE D'ARC

ジャンヌ・ダルク

かつてフランスを救ったオルレアンの乙女、ジャンヌ・ダルクは
いまでもフランス人の心の中にさまざまな形で生き続けています。

Cette jeune fille née d'une famille de paysans de l'est de la France est une héroïne nationale. Son épopée extraordinaire de 1429 à 1431 a permis au pays de retrouver son indépendance et son unité grâce à ses campagnes militaires victorieuses
5 contre les ducs de Bourgogne et leurs alliés, les Anglais.

À l'âge de treize ans, Jeanne entend des voix célestes qui lui demandent de libérer le royaume occupé par les Anglais et d'installer le dauphin Charles VII sur le trône de France. Trois ans plus tard, la jeune fille rassemble une armée de soldats enthousiastes, libère la ville d'Orléans alors aux mains des ennemis et conduit finalement le dauphin
10 à son sacre dans la cathédrale de Reims. Après d'autres batailles, Jeanne est capturée près de Paris par les Bourguignons en juillet 1430. La jeune fille est emprisonnée puis condamnée pour hérésie. Elle est brûlée vive sur une place de Rouen en mai 1431.

Jeanne d'Arc, appelée aussi la pucelle d'Orléans, représente la victoire de la sincérité et de la foi contre la violence et l'injustice. À une période critique de l'histoire
15 du pays, Jeanne la charismatique a redonné l'espoir à son peuple. Sa statue est souvent présente dans les églises de France ou sur les places des villes et villages.

Jeanne d'Arc a été aussi souvent revendiquée comme symbole par certains mouvements nationalistes. Elle incarne dans ce cas l'idée de « pureté » de la nation mise en danger par les envahisseurs et les étrangers.

1 ▶ née : < naître の過去分詞が形容詞化したもの。

3 ▶ épopée : 本来ホメロスの『イリアス』や『オデュッセイア』のように、建国の歴史や英雄の生涯などを壮大なスケールで描いた叙事詩を意味するが、ここではジャンヌ・ダルクの英雄的な行為を指す。

　▶ a permis... : permettre の複合過去。〔permettre + à...（間接目的語）+ de 不定詞（直接目的語）〕「〜に〜することを可能にする」

4 ▶ grâce à... : 「〜のおかげで」

6 ▶ entend : < entendre

　▶ lui demandent de... : 〔demander + à...（間接目的語）+ de 不定詞（直接目的語）〕「〜に〜することを要求する」。

9 ▶ libère : < libérér

　▶ aux mains des... : 〔aux mains de...〕「〜の手中にある→〜に囲まれた」。

　▶ conduit : 〔conduire... à...〕「〜を〜に導く」

10 ▶ sacre : 「フランス国王の聖別（戴冠）式」

　▶ est capturée... est emprisonnée... condamnée : すべて受動態。

12 ▶ hérésie : カトリックの正統な教義から逸脱した「異端」を表す。

　▶ est brûlée vive : brûler の受動態。vive（< vif）は補語で主語の性数に一致している。「生きたまま」

13 ▶ la pucelle d'Orléans : 「オルレアンの乙女」。ジャンヌ・ダルクのこと。

15 ▶ Jeanne la charismatique : Jeanne と la charismatique [karismatik] は同格。

17 ▶ a été... revendiquée : revendiquer の受動態複合過去形。

18 ▶ incarne : < incarner「観念などが具体的な形をとる→具現する」

19 ▶ mis en danger : 「危機に陥った」。mis < mettre の過去分詞。

■Jeanne d'Arc

ジャンヌ・ダルク（1412-1431）。英仏百年戦争（1337-1453）の末期にロレーヌ地方ドンレミ村の農家に生まれる。故郷ではジャネットと呼ばれていた。13才の頃から、「声」を聞くようになったジャンヌは、1429 年、17 才のとき、その声に従い、イギリス軍からフランスを解放し、正統なヴァロワ王家による統治を回復するためシノンに向かい王太子シャルルに謁見、4 月には軍勢を率いてイギリス軍に包囲されたオルレアンを解放、7 月ついに王太子をランスに導き国王になるための聖別（戴冠）式を実現する。その後各地を転戦するが 1430 年 5 月にパリ北方のコンピエーニュでブルゴーニュ軍の捕虜となり、11 月には多額の身代金でイギリス側に買い取られルーアンに連行され投獄される。1431 年 1 月からイギリス側の意を受けたカトリック教会により 4ヶ月にわたって裁判が行われ、結局異端の罪で 5 月 30 日火刑に処される。しかしフランスが統一を回復し百年戦争が終結した 2 年後の 1455 年には、やり直しの裁判が始まり、翌年には前裁判の破棄が宣言され、ジャンヌは名誉を回復する。また 1919 年にはカトリックの聖人として承認され、翌年には列聖の式典が行われた。ジャンヌの 2 つの裁判については、ジャンヌ本人や周囲の人々の証言をはじめ詳細な記録が残されている。それらが公開された 19 世紀中葉以降、歴史家のジュール・ミシュレ（1798-1874）のように、実証的な資料研究に基づいて、ジャンヌを 1 人の人間として捉えようとする立場からも数多くの研究がなされてきた。またジャンヌを題材にした作品は、バーナード・ショーの『聖女ジョウン』（1923 年初演）、ジャン・アヌイ『ひばり』（1953 年初演）から、近年ではリュック・ベッソン監督／ミラ・ジョボヴィッチ主演の映画『ジャンヌ・ダルク』（1999 年）まで枚挙にいとまがない。

日本でもジャンヌ・ダルクの人気は高い。「劇団四季」は創立直後の 1957 年にアヌイの『ひばり』を浅利慶太の演出で上演。ジャンヌ生誕 600 周年、劇団創立 60 周年にあたる 2012 年の 7 月にも公演を行っている。またこの『ひばり』は 2007 年に岩切正一郎の新訳をもとに、蜷川幸雄演出／松たか子主演で上演されている。そのほか、ジャンヌの恋を扱った佐藤賢一の小説『傭兵ピエール』（1996）は漫画化されるとともに 2003 年には宝塚歌劇の宙組によって演じられ、2010 年には堀北真希の主演で『ジャンヌ・ダルク』と題し舞台化されている。なお 2014 年に再演され、このときは有村架純がジャンヌ役を演じた。さらに 2013 年度の NHK 大河ドラマ『八重の桜』のキャッチフレーズには、「幕末のジャンヌ・ダルク」という表現が用いられている。会津で銃を手に闘った主人公新島（山本）八重の姿に、震災・原発事故で危機に陥った福島（日本）に現れた救国の乙女のイメージを読み取ることもできよう。

■les ducs de Bourgogne et leurs alliés, les Anglais (L.5)

当時フランスは、ロワール川をはさみ、イギリスと組んだ王族のブルゴーニュ派が支配する北部と王太子シャルルを戴く南部のアルマニャック派の 2 つに分裂していた。

■le dauphin Charles VII (L.7)

王太子シャルルはシャルル 6 世と王妃イザボーの息子。戴冠後、シャルル 7 世となった。

■la ville d'Orléans (L.9)

フランス中西部、ロワール川右岸にある都市。古くから交通の要衝として栄えた。当時はアルマニャック派の中心地であり、オルレアンの攻防は戦局を大きく左右する事態であった。なお、アメリカの New Orleans ニューオリンズは、ルイ 15 世の摂政として活躍したオルレアン公フィリップ 2 世（1674-1723）に由来する Nouvelle-Orléans から来ており、かつてはフランス領ルイジアナの首都だった。Louisiana ルイジアナという州名自体が、Louis XIV ルイ 14 世にちなむ。

■la cathédrale de Reims (L.10)

ランスはシャンパーニュ地方の中心都市。当時、ランスの大聖堂で聖別（戴冠）の儀式を行うことが、フランス国王の即位に不可欠とされていた。

■**Rouen** (L.12)

　セーヌ川河口近くの都市。印象派画家のクロード・モネ（1840-1926）が描いた大聖堂でも有名。当時イギリス軍の本拠地の１つとなっていた。

■**certains mouvements nationalistes** (L.17)

　国家の危機を救ったジャンヌ・ダルクの功績を初めて公の立場で賞賛したのは、1803年、ナポレオン・ボナパルトとされている。この背景にはフランス革命を収拾した後、イギリスと対峙しようとしていたナポレオンの国威発揚の意図が隠されているが、以後こうした救国の英雄としてのジャンヌ・ダルク像は国粋主義者の言説において繰り返し利用されている。

─ Grammaire ─

直説法複合過去　　動詞の法と時制については、**補遺Ⅸ**を参照。

（形態）　a）すべての他動詞と多くの自動詞：〈助動詞 avoir ＋過去分詞〉

J'*ai reçu* cette lettre hier.（recevoir）
私は昨日この手紙を受け取った。

b）場所の移動や状態の変化を表す一部の自動詞（aller/venir, entrer/sortir, arriver/partir, monter/descendre, rester, devenir, naître/mourir, *etc.*）：〈助動詞 être ＋過去分詞〉

Ma sœur *est partie** pour la France il y a huit jours.（partir）
私の姉は１週間前にフランスに出発した。
* 過去分詞は主語の性数に一致させる。

（用法）　一般に、語っている現在の時点から見てすでに完了している動作や出来事を表す。

受動態　〈主語＋ être ＋他動詞の過去分詞＋ par/de ＋動作主〉

動作主Aを主語としBを直接目的語とする能動態（「AがBを～する」）に対して、受動態は能動態の直接目的語を主語とし、「BがAによって～される」という受け身の意味を表す。

Les enfants sont grondés* *par*** leur mère.
子どもたちがお母さんにしかられている。

Elle est respectée *de*** tout le monde.
彼女はみんなから尊敬されている。

Ce matin, j'ai *été**** blessé dans un accident de voiture****.
けさ私は交通事故でけがをした。

* 過去分詞は主語の性数に一致させる。
** 一般に動作主は、一時的な行為を表すときには par を、また永続的な状態を表すときには de を用いる。
*** 受動態の時制は être で表す。この場合は複合過去。
**** 動作主については、それを示す必要がないときや不明の場合には省略することがある。

Exercices

---

1 与えられた動詞を複合過去にして記入し、全文を日本語に訳しなさい。

（　　　　　）には1語ずつ入ります。

Traduisez les phrases suivantes en japonais, en mettant les verbes indiqués au passé composé.

1) Cet automne, il (　　　) beaucoup (　　　) dans cette région. (pleuvoir)

2) Cécile (　　　) (　　　) amoureuse de mon frère. (tomber)

2 与えられた文を受動態にしなさい。また全文を日本語に訳しなさい。

Traduisez les phrases suivantes en japonais, après les avoir transformées à la voix passive.

1) Un architecte japonais a construit cette tour.

2) Tout le grand public l'estime.

3 本文の内容に一致するものには **vrai** を、一致しないものには **faux** を（　　　　）に記入しなさい。

Répondez par vrai ou faux.

1) Jeanne d'Arc a entendu des voix célestes quand elle avait 11 ans.　（　　　）

2) En 1429, elle a réussi à conduire le dauphin à Reims.　（　　　）

3) Elle a été emprisonnée, mais finalement a été sauvée par les Anglais.　（　　　）

4 本文の内容に即して、次の設問にフランス語で（あるいは日本語で）答えなさい。

Répondez en français (ou en japonais) aux questions suivantes.

1) À quelle époque a vécu Jeanne d'Arc ?

2) Quel âge avait-elle lors de la bataille d'Orléans ?

3) Comment l'histoire de Jeanne d'Arc est-elle exploitée à des fins politiques ?

5 調べてみよう！

Cherchez !

現代社会において、ジャンヌ・ダルクはどのようなイメージで捉えられているでしょう？

B.C. 900 頃	ガリア（ゴール）にケルト人が移住
B.C. 58	カエサルのガリア征服始まる（～B.C. 51）
◆ガロ＝ロマン期（B.C. 1世紀～5世紀）	
481	クロヴィスが即位
◆メロヴィング朝（486～751）	
◆フランク王国の成立	
751	シャルル・マルテルの息子、小ペパンが即位
◆カロリング朝（751～987）	
800	ペパンの息子シャルルマーニュ（カール大帝）、西ローマ帝国皇帝位に就く
987	パリ伯ユーグ・カペーが国王に選出　首都パリ
◆カペー朝（987～1328）	
1328	ヴァロア家のフィリップ6世即位［1328-1350］
◆ヴァロア朝（1328～1589）	
1337	英仏間の百年戦争始まる（～1453）
1429	ジャンヌ・ダルクがオルレアンを解放
	シャルル7世［1422-1461］がランスで戴冠
1347	ペストの大流行（～48）
1453	百年戦争終結
1562	宗教戦争（～98）
1572	聖バルテルミーの大虐殺
1589	新教徒のアンリ4世が即位
◆ブルボン朝（1589/94～1792：1814～1830）	
1593	アンリ4世、カトリックに改宗
1598	ナントの勅令（1685に廃止）
1643	ルイ14世［1643-1715］即位
1682	宮廷がヴェルサイユに移る
1789	フランス大革命始まる（～1799）バスティーユ解放（7.14）、人権宣言（8.26）
1792	王制の廃止
◆第一共和政（1792～1804）	
1793	国王ルイ16世、王妃マリー＝アントワネット処刑
1794	総裁政府（～1799）
1800	執政政府（～1804）ナポレオン・ボナパルト、第一統領に
1804	ナポレオン、皇帝に（ナポレオン1世）
◆第一帝政（1804～1814）	
1815	ナポレオン、ライプツィヒの戦いに敗れて退位
	エルバ島に流される
	ルイ18世［1814-1824］即位
◆王制復古（1814～1830）	
1815	ナポレオン、エルバ島を脱出　ワーテルローの戦いに敗北　セント・ヘレナ島に追放
1830	7月革命　シャルル10世［1824-1830］退位
	オルレアン公ルイ＝フィリップが「フランス国民の王」に
◆7月王政（1830～1848）	
1848	2月革命
◆第二共和政（1848～1852）	
	ルイ＝ナポレオン・ボナパルト、大統領に
1852	クーデタ、皇帝ナポレオン3世即位
◆第二帝政（1852～1870）	
	セーヌ県知事オスマン、パリの大改造に着手
1855	パリ万博
1870	普仏戦争（～1871）の敗戦
	ナポレオン3世退位
◆第三共和政（1870～1940）	

1871	パリ・コミューン　アルザス・ロレーヌ地方割譲
1889	フランス革命100周年　エッフェル塔完成　パリ万博
1894	ドレフュス事件
1914	第一次世界大戦（～1918）
1929	世界経済恐慌
1939	第二次世界大戦（～1945）
1940	ペタンによる対独協力政権がヴィシーに成立
◆ヴィシー政府（1940～1944）	
1944	シャルル・ド・ゴール首班の臨時政府がアルジェリアに成立（5月）
◆臨時政府（1944～1946）	
	連合軍ノルマンディ上陸（6月）　パリ解放（8月）
1945	ヴェトナム共和国の成立
1946	ド・ゴール辞任
◆第四共和政（1946～1958）	
	インドシナ戦争開始（～1954）
1958	第五共和制の成立　ド・ゴール、大統領に当選
◆第五共和政（1958～）	
1962	アルジェリア独立
1968	5月革命
1969	ド・ゴール退陣　ジョルジュ・ポンピドゥー、大統領に（～1974）
1974	ヴァレリ・ジスカール＝デスタン、大統領に（～1981）
1981	社会党フランソワ・ミッテラン、大統領に（～1995）
1986	保守派のジャック・シラクが首相　第一次保革共存政権
1989	フランス革命200周年：ルーヴルのピラミッド、新凱旋門、オペラ＝バスティーユなどが完成　ベルリンの壁の崩壊
1993	エドゥアール・バラデュールが首相　第二次保革共存政権　EU（ヨーロッパ連合）、マーストリヒト条約により発足
1994	ユーロトンネル開通
1995	ジャック・シラク、大統領に（～2007）
1997	社会党リヨネル・ジョスパンが首相　第三次保革共存政権
2002	ユーロがEU12ヶ国の共通通貨となる
2007	EU加盟国27カ国に　ニコラ・サルコジ、大統領に
2008	リーマンショック　世界的金融恐慌の到来
2012	社会党フランソワ・オランドが大統領に当選、首相に社会党のジャン＝マルク・エローを指名、女性閣僚を大幅に増やす
2014	3月の統一地方選挙で社会党が大敗、首相がマニュエル・ヴァルスに交替
2015	11月にパリで同時多発テロ　非常事態宣言が出される
2017	社会党から離脱したエマニュエル・マクロンが政党「共和国前進！」を結成、国民投票で大統領に選出される
2020	3月、新型コロナウイルス感染防止のために全国でロックダウン（都市封鎖）実施 3月、新型コロナウイルス感染防止のために全国でロックダウン（都市封鎖）実施 7月、エドゥアール・フィリップからジャン・カステックスに首相が交代
2022	2月、ロシアがウクライナに侵攻 5月、マクロン再任（第2期）、カステックスに代わり、エリザベット・ボルヌが新首相に指名

29

ASTÉRIX ET OBÉLIX

国民的ヒーロー、アステリックスとオベリックス

フランスの国民的な漫画「アステリックスとオベリックス」に描かれる古代ローマに征服される以前のガリアは、今日でもフランス人のアイデンティティの源なのです。

Personnages de bande dessinée créés en 1960 par Uderzo (dessinateur) et Goscinny (scénariste), les deux Gaulois Astérix et Obélix habitent le seul village (imaginaire) de la Gaule que les occupants romains ne parviennent pas à conquérir.

5   Comment expliquer ce phénomène ? Une potion magique, bien sûr, préparée par Panoramix le druide du village et qui rend les Gaulois invincibles. Mais les Gaulois ont d'autres armes : ils sont astucieux et combatifs, toujours prêts à défendre leur territoire.

Les Français se reconnaissent dans ces histoires qui « racontent » avec humour leurs ancêtres de l'An 50 avant l'ère chrétienne : irritables, fiers, rebelles, désordonnés,
10   indépendants, ces Gaulois retranchés dans leur village caricaturent des millions de Français et leurs relations, souvent turbulentes, avec leurs voisins.

Les aventures d'Astérix et d'Obélix ont été vendues à plus de 300 millions d'exemplaires dans le monde, ont été traduites en une centaine de langues. En 2009, le 34ᵉ album
15   de la série a été publié sous le titre *L'Anniversaire d'Astérix et d'Obélix*, pour célébrer les 50 ans des deux Gaulois les plus célèbres du monde.

1 ▶ Personnages... créés : = Personnages... qui ont été créés (< créer)

4 ▶ Gaulois :「ガリア（ゴール）人」（下の文化注を参照）

▶ parviennent... à... :〔parvenir à ＋不定詞〕「ようやく～できるようになる」

5 ▶ ... bien sûr... Mais... :「もちろん～だが、しかし～」

6 ▶ rend les Gaulois invincibles : < rendre A B : A を B にする。A = les Gaulois（直接目的語）、B = invincibles（補語）

7 ▶ d'autres armes : d' = de ← des（不定冠詞複数）

▶ astucieux : < astuce (f.)

▶ prêts à défendre :〔prêt(s) à ＋不定詞〕「～する準備ができている」

8 ▶ se reconnaissent : < se reconnaître

▶ raconter : < conte (m.)

9 ▶ avant l'ère chrétienne :「紀元前」

▶ irritables,... indépendants : すべて次の ces Gaulois にかかる。

10 ▶ retranchés :「（塹壕をめぐらして）立てこもった」

▶ caricaturent : < caricaturer「戯画化する」< caricature (f.)

11 ▶ relations... avec... :「～との関係」

▶ voisins : 文脈から「隣国」の意味。

12 ▶ ont été vendues : < vendre 受動態・複合過去。

14 ▶ ont été traduites : < traduire

15 ▶ a été publié : < publier

16 ▶ les plus... du monde : 形容詞 célèbre の最上級。du monde（= de ＋ le monde）は最上級の及ぶ範囲を示す。

■ **bande dessinée** (L.1)

　フランスだけでなくベルギー、スイス、カナダなどのフランス語圏の地域で読まれているコマ割りマンガを指す。通常 B.D.「ベーデー」と呼ばれる。日本のマンガと異なり、一般にデッサンが細かく、全編カラーでハードカバーの大判な書物 (album) として売られている。日本では『ユーロマンガ』(2008-) のシリーズで紹介されている。その第 7 号 (2012) は SF ジャンルで有名なメビウスの追悼号で、親交のあった宮崎駿や大友克洋などが追悼文を寄せている。

■ **Uderzo (dessinateur) et Goscinny (scénariste)** (L.2)

　フランスでは、作画者と原作者の分業によって制作されるのが一般的である。René Goscinny ルネ・ゴシニ (1926-1977) の原作、Albert Uderzo アルベール・ユデルゾ (1927-2020) の画で、B.D. 雑誌『ピロット』の創刊号 (1959) から連載された『ガリア人アステリックス』（後にこのシリーズは『アステリックスとオベリックスの冒険』と名付けられる）は大成功を収め、国民的な B.D. となる。ゴシニの死後は、ユデルゾが原作も担当していた。2020 年にユデルゾが亡くなった後も、このシリーズは製作され続けている。

■ **Astérix et Obélix** (L. 3)

　主人公のアステリックスは小柄だが敏捷で機転のきく剣士で、ガリアの英雄ヴェルサンジェトリクス（古代ローマのガリア侵略に抵抗した人物）のイメージが投影されているといわれる。相棒のオベリックスは大男で巨石を運ぶ怪力の持ち主だが気だては優しい。時代背景は紀元前 50 年、ローマ軍の侵攻に抵抗を続ける小さな村（ブルターニュ地方と思われる）が舞台となっている。なお、パリの北部にはアステリックスのテーマパークがある。

■ **Gaule** (L.4)

　ガリア地方。ラテン語の Gallia に由来する。古代ローマ時代に、地中海、ピレネー山脈、大西洋、ライン河に囲まれた広大な地域を指した。住民の多くはケルト系の人々。ローマは B.C.200 年項からガリア地方のうち、アルプス以南ルビコン川以北の地中海沿岸部を属領化（ガリア・キサルビナ）し、B.C.58 年からカエサルによって本格的にアルプスを越えたガリア地方（ガリア・トランスアルビナ）への侵入が始まる。ガリアの英雄ヴェルサンジェトリックスの抵抗もむなしく、B.C.50 年には平定される。この間の経緯については、カエサルの『ガリア戦記』に詳しい。

■ **Panoramix le druide du village** (L.6)

　パノラミックスは村のドルイド僧で、魔法の薬を調合する。当時、巨石や自然を崇拝するドルイド教は主に北ヨーロッパやイギリスのケルト人の間に広まっていた。

Grammaire

代名動詞

主語と同じものを指す再帰代名詞を伴う動詞。再帰代名詞は不定詞および 3 人称（単・複ともに）では se となる。1・2 人称については、目的語を表す人称代名詞と同じく、me, nous / te, vous を用いる。

1）再帰的用法

基本となる用法で、主語の行為が再び主語へと帰るもの。再帰代名詞が直接目的語の役割を果たす場合と間接目的語の役割を果たす場合とがある。

（**直接目的語**）　Ma grand-mère *se lève* très tôt tous les matins.　私の祖母は毎朝早く起きる。

（se lever）：〔自分自身を〕＋〔起こす〕→起きる

（**間接目的語**）　Je *me demande* pourquoi elle a l'air triste.　私はなぜ彼女が悲しそうなのか自問する。

（se demander）：〔自分自身に〕＋〔〜を問う〕→自問する

＊一般に身体の一部を直接目的語とする文では、再帰代名詞が間接目的語となる。
Les enfants *se lavent* les mains avant le repas.（se laver）　子どもたちは食事の前に手を洗う。

2）相互的用法

主語が複数で「お互いに〜し合う」という意味を表す。再帰代名詞は動詞によって直接目的語の働きをする場合と間接目的語の働きをする場合とがある。

（**直接目的語**）　Sophie et André *s'aiment* passionnément.（s'aimer）
ソフィーとアンドレは熱烈に愛しあっている。

（**間接目的語**）　Ils *se téléphonent* tous les soirs.（se téléphoner）
彼らは毎晩電話をかけあう。

3）受動的用法

ものや事がらを主語とし、「〜される」「〜できる」という意味を表す。個別的な事態を表す受動態とは違って、一般的な事実や性質を述べるときに用いる。再帰代名詞は常に直接目的語とみなされる。

Ces voitures hybrides *se fabriquent* au Japon.（se fabriquer）
これらのハイブリッドカーは日本で製造されている。

Ça *se mange* chaud.（se manger）
それは温めていただくものです。

4）本来的用法

もとの動詞から意味がずれるもの、代名動詞でしか用いられないもの、特定の前置詞を常にとる熟語的なものなどがこの用法に含まれる。再帰代名詞は常に直接目的語とみなされる。

C'est trop tard. On *s'en va* ?（s'en aller）　もうこんな時間になってしまった。帰ろうか？
Tu *te souviens de* notre professeur de maths au lycée ?（se souvenir de）　高校の数学の先生覚えてる？

他に s'enfuir（逃げる）、se servir de...（〜を用いる）、se moquer de...（〜をからかう）など。

Exercices

1 各文の代名動詞の用法を説明しなさい。また全文を日本語に訳しなさい。

Traduisez les phrases suivantes en japonais, en expliquant l'usage de chaque verbe pronominal.

1) On se sert de cet outil pour creuser le bois.

2) Les huitres se mangent crues.

3) Ils s'envoient souvent des e-mails.

4) Où est mon petit chat ?　– Il se cache derrière le téléviseur.

2 本文の内容に一致するものには **vrai** を、一致しないものには **faux** を（　　　）に記入しなさい。

Répondez par vrai ou faux.

1) Les aventures d'Astérix et d'Obélix sont présentées sous forme de bandes dessinées.

（　　　）

2) Les histoires d'Astérix et d'Obélix sont situées au moment de la conquête romaine.

（　　　）

3) Les aventures d'Astérix et d'Obélix ont été traduites en une cinquantaine de langues.

（　　　）

3 本文の内容に即して、次の設問にフランス語で（あるいは日本語で）答えなさい。

Répondez en français (ou en japonais) aux questions suivantes.

1)　Depuis quand la série des aventures d'Astérix et d'Obélix existe-t-elle ?

2)　Comment les habitants du village d'Astérix et d'Obélix résistent-ils aux envahisseurs romains ?

3)　Qu'est-ce qui montre que les histoires d'Astérix et d'Obélix ont rencontré un grand succès ?

4 調べてみよう！

Cherchez !

フランスの **BD** を実際に読み、マンガとの違いを考えてみましょう。

MARIANNE

共和国の象徴マリアンヌ

「マリアンヌ」は共和国としてのフランス、および共和国の理念を象徴
するきわめて重要な存在です。

  Le buste de Marianne est présent dans toutes les mairies françaises, les écoles, ainsi que dans de nombreux édifices officiels. Marianne est aussi représentée sur les timbres poste et, jusqu'à récemment, sur les pièces de monnaie. Ce personnage symbolise la France, la République et la principale de ses valeurs : la liberté.

5 L'origine de Marianne remonte à la Révolution française et plus particulièrement à 1792, lorsque la République a été proclamée. Marianne porte un bonnet phrygien, comme la plupart des révolutionnaires à cette époque. Le bonnet phrygien est une référence aux esclaves affranchis sous l'Empire romain, qui portaient ce bonnet pour marquer leur liberté retrouvée. Au 18e siècle, Marianne était un prénom très fréquent en

10 France, il associe Marie, la mère du Christ, et Anne, la mère de Marie.

  Le tableau d'Eugène Delacroix, *La Liberté guidant le peuple* (1831), représente Marianne combattant avec le peuple parisien pendant les trois journées révolutionnaires de juillet 1830. Plus récemment, des Françaises célèbres ont servi de modèles au buste de Marianne : les actrices Brigitte Bardot et Catherine Deneuve, la chanteuse Mireille

15 Mathieu, la mannequin de mode et actrice Laetitia Casta.

2 ▶ ainsi que... :「～と同様に」→「そして～にも」

3 ▶ timbres poste : timbre-poste ともつづる。timbre de[pour] la poste から、近代になり前置詞を省略して形成された。したがって timbres と複数でも、poste は単数のまま。

▶ jusqu'à : jusque + à

4 ▶ la principale : = la valeur principale = la liberté

5 ▶ remonte à :〔remonter à...〕「～にさかのぼる」

▶ la Révolution française : 大文字で始まる Révolution は、フランス大革命（1789 年 7 月 14 日のバスティーユ解放に端を発し、1799 年にナポレオンが権力を掌握するまでの期間）を指す。

6 ▶ a été proclamée : < proclamer 受動態・複合過去。

8 ▶ affranchis : affranchi < affranchir

▶ portaient : < porter 半過去。第 7 課の Grammaire を参照。

9 ▶ 18e : = dix-huitième

10 ▶ associe : < associer

11 ▶ *La Liberté* : 大文字で表記されることによって、「自由」という抽象的概念が擬人化されている。

▶ guidant : < guider 現在分詞。

12 ▶ combattant : < combattre

13 ▶ ont servi de :〔servir de...〕「～としての役目を果たす」

Clés

■**bonnet phrygien** (L.6)

　フリジア帽。古代フリジア人が被っていた赤い三角の帽子で、ローマ時代には、解放された奴隷が被るものとされた。

■**Marianne..., il associe Marie, la mère du Christ et Anne, la mère de Marie** (L.9)

　マリアンヌは当時きわめて一般的な女性の名前であった。共和国の象徴としてなぜマリアンヌの名が用いられたかについては諸説ある。

■**Eugène Delacroix** (L.11)

　ウージェーヌ・ドラクロワ（1798-1863）。フランスロマン主義を代表する画家。ギリシャ・ローマ彫刻をモデルとする静的な古典主義に対抗し、絵画に色彩と動きを導入した。代表作に『キオス島の虐殺』（1824）、『サルダナパールの死』（1827）、『アルジェの女達』（1834）などがある。

■*La Liberté guidant le peuple* (L.11)

　『民衆を導く自由の女神』。ドラクロワの代表作の 1 つで、1830 年の 7 月革命を描いたもの。フリジア帽を被り、三色旗を掲げて民衆を率いるこの女性こそ、自由の表象であるマリアンヌにほかならない。7 月革命は、ナポレオンの失脚後に成立した王政復古の政治に対し、ブルジョワ階級を中心とする勢力によって起こされた。7 月 27～29 日はパリの一般市民も蜂起し、「栄光の 3 日間」と呼ばれる。この後、オルレアン公ルイ＝フィリップが即位して 7 月王政が始まる。

■**des Françaises célèbres...** (L.13)

　マリアンヌの公式モデルは存在しないが、フランス市長協会 Association des maires de France が定期的に著名なフランス人女性を選んでマリアンヌとしている。歴代のマリアンヌは以下の通り：1970-78 ブリジット・バルドー（1934-）女優、1978-85 ミレイユ・マチュー（1946-）歌手、1985-89 カトリーヌ・ドヌーヴ（1943-）女優、1989-2000 イネス・ド・ラ・フレサンジュ（1957-）モデル・デザイナー・実業家、2000-03 レティシア・カスタ（1978-）モデル・女優、2003-09 エヴリーヌ・トマ（1964-）歌手・司会者、2009-12 フロランス・フォレスティ（1973-）コメディアン、2012- ソフィー・マルソー（1966-）女優。

Grammaire

現在分詞

（**形態**）原則として直説法現在形 1 人称複数形の語幹に -ant を付ける。

> (*ex.*) danser   → nous dansons   → dansant
>   finir   → nous finissons   → finissant
>   faire   → nous faisons   → faisant
>   ＊例外は avoir → ayant, être → étant, savoir → sachant のみ。

（**用法**）a）最も近い名詞（代名詞）にかかるが、その際、動詞の能動的性質を有する。名詞との性数一致は行わない。

> Il y a beaucoup de gens *cherchant* le travail. (= qui cherchent)
>   職を探している人がたくさんいる。

         b）主語の同格として、分詞構文を構成する。

> *Ayant* de la fièvre, elle est restée à la maison toute la journée.
>   熱があったので、彼女は一日家にいた。

ジェロンディフ

（**形態**）〈en + 現在分詞〉

（**用法**）現在分詞が形容詞的に名詞にかかるのに対して、ジェロンディフは副詞的に動詞にかかる。同時性、原因、理由、手段、対立、譲歩、条件など、さまざまな意味を表す。基本的にジェロンディフの意味上の主語は主節の動詞に一致する。

> Tu ne dois pas lire *en mangeant*. （manger）
>   食べながら本を読んではいけない。
>
> *En faisant* trop d'heures supplémentaires, il est finalement tombé malade. （faire）
>   あまりに仕事をしすぎて、彼はとうとう病気になった。
>
> *En prenant* un taxi, tu peux y arriver plus vite. （prendre）
>   タクシーに乗れば、もっと早く着けるよ。
>
> Tout* *en ayant* mal à la gorge, il n'arrête pas de fumer. (avoir)
>   のどが痛いのに、彼はたばこをやめない。

* 同時性や対立・譲歩を強調するとき、tout を伴うことがある。

Exercices

1 与えられた動詞を現在分詞にして記入し、全文を日本語に訳しなさい。

Traduisez les phrases suivantes en japonais, en mettant les verbes indiqués au participe présent.

1) Je l'ai entendue (　　　) du piano. (jouer)

2) (　　　) très occupé, j'ai dû rester au bureau. (être)

3) En (　　　) la première rue à droite, vous allez à la gare. (prendre)

4) Il est très dangereux de téléphoner en (　　　). (conduire)

2 本文の内容に一致するものには **vrai** を、一致しないものには **faux** を（　　　）に記入しなさい。

Répondez par vrai ou faux.

1) Marianne représente la République française et la liberté.　　　(　　　)

2) Le bonnet qu'elle porte symbolise la liberté retrouvée.　　　(　　　)

3) *La liberté guidant le peuple* représente Marianne à la Révolution de 1789.　(　　　)

3 本文の内容に即して、次の設問にフランス語で（あるいは日本語で）答えなさい。

Répondez en français (ou en japonais) aux questions suivantes.

1) Où peut-on voir la statue de Marianne en France ?

2) De quelle époque Marianne vient-elle ?

3) Le visage de Marianne est-il fixé ?

4 調べてみよう！

Cherchez !

『民衆を導く自由の女神』などの図像において、マリアンヌがどのように描かれているかを実際に確認してみましょう。

ÉDITH PIAF

エディット・ピアフ

強烈な個性とエネルギーで時代を駆け抜けたピアフの人生は、その作品とともにいまでも多くの人々の心の中に生き続けています。

Sa personnalité, l'aventure de sa vie, ses œuvres, son talent exceptionnel, tout contribue à former un grand mythe : la « Môme Piaf », 1,47m., toute frêle, fille d'un acrobate et d'une chanteuse de rue, c'est l'histoire peu ordinaire d'une femme

5 dont la passion et l'énergie étaient immenses, depuis ses débuts d'adolescente dans les cabarets de Pigalle des années trente jusqu'à la dame de la maturité, épuisée par la maladie, l'alcool, les médicaments et le travail.

Les chansons de Piaf sont des classiques qui racontent l'amour : *Mon légionnaire* (1936), qui l'a rendue célèbre à 21 ans ; *La Vie en rose*, qu'elle a écrit en 1945, après les

10 années noires de la guerre ; *L'Hymne à l'amour*, qu'elle compose en 1949, au soir de la mort dans un accident d'avion de son compagnon Marcel Cerdan, champion du monde de boxe ; plus tard, c'est *Milord* (1957), puis *Non, je ne regrette rien* (1959). Au cours de sa carrière, Édith Piaf a écrit près de 80 titres et elle en a interprété beaucoup d'autres composés pour elle.

15 Le public s'est identifié aux accents vrais et émouvants de cette femme qui chante la classe populaire, le monde de la prostitution, le petit peuple parisien. La destinée de Piaf a été courte, chaotique et tragique, elle chantait ses chansons avec la même ferveur qu'elle vivait sa vie.

Édith Piaf meurt en 1963, à l'âge de 47 ans. Dans le film d'Olivier Dahan, *La*

20 *Môme* (2007), Marion Cotillard fait revivre cette légende de la chanson française.

Notes

2 ▶ tout contribue à... : tout はその前に述べられた ものすべてを受ける。〔contribuer à...〕「〜に貢献 する」。

3 ▶ « Môme Piaf » : 直前の un grand mythe を同格的 に言い換えたもの。ピアフのデビュー当時の名。 môme は口語で enfant / gamine のこと、路地で 遊ぶおてんばな小娘といったニュアンスがある。 また piaf は普通名詞ではスズメ。

4 ▶ c'est l'histoire... : c' = ce は môme Piaf にまつわ る大いなる神話を指す。

5 ▶ dont... : dont は前置詞 de を含む関係代名詞。 dont 以下の節を文に書き換えると « la passion et l'énergie de cette femme étaient immenses » とな る。

▶ depuis... jusqu' à... :「〜から〜まで」

9 ▶ l'a rendue célèbre :〔rendre A（直接目的語）B（補 語）〕で「A を B にする」。この場合、直接目的語 は l' (= la) = Piaf、補語は célèbre。また rendre の過去分詞 rendu*e* は、代名詞として動詞の前に 来た直接目的語 l' (= la) に一致して女性形とな っている。**補遺Ⅷ 2）性数の一致 b）直接目的語 と一致する場合**の項を参照。

12 ▶ Au cours de sa carrière :〔au cours de...〕「〜の間」cours (*m.*) はもともと 「水の流れ」、それが「時の流れ、時間の経過」を も表すようになった。carrière は本来（生涯）の仕 事を指す。

13 ▶ elle en a interprété : < interpréter。en は不特定な 名詞を直接目的語として受ける際の中性代名詞 で、この場合 en = des titres。

▶ d'autres : = d'autres titres。d' = de ← des（不定 冠詞複数）

15 ▶ s'est identifié aux... :〔s'identifier à...〕「自分を〜 と同一視する」→「自分たちの姿を〜に重ね合わ せる」。複合過去。

▶ chante la classe populaire... : chanter の直接目的 語が 3 つ列挙されている。

16 ▶ petit peuple... :「下層階級の人々」

17 ▶ a été : < être 複合過去。

▶ chantait : < chanter 半過去。

▶ même... qu'... :〔même... que...〕「〜と同じ〜」

18 ▶ vivait : < vivre 半過去。

19 ▶ meurt : < mourir

20 ▶ fait : < faire 使役動詞。

■ Édith Piaf

エディット・ピアフ (1915.12.19-1963.10.10)。本名 Édith-Giovanna Gassion エディット＝ジョヴァンナ・ガシオン。戦後のフランス、パリを象徴する歌手。約 280 曲ものレコーディングを行い、舞台や映画でも活躍した。その波乱に満ちた人生から数々の伝説が生まれている。パリのベルヴィルで生まれ、幼少期はノルマンディーで娼館を営んでいた父方の祖母のもとで育てられる。その後一時父親と行動を共にするが、独立して街角で歌うようになる。1935 年にナイトクラブの経営者ルイ・ルプレに見出され、レコードデビューを果たす。このとき « La môme Piaf » の名を与えられる。しかしルプレが殺されるという事件に巻き込まれ、一時窮地に陥るが、作詞家レーモン・アッソらの助力によって復活する。自らも多くの歌詞を書いたが、とりわけ『バラ色の人生』(1945) は戦後世界的な大ヒットとなった。1951 年に自動車事故に遭い、その後深刻なモルヒネ中毒とアルコール依存症に苦しむ。1960 年末にオランピア劇場で奇跡的な復帰を果たすが、肝不全からくる動脈瘤の破裂で 1963 年 10 月、南仏のグラースにて死去。ピアフの訃報に接したジャン・コクトーは、そのショックで心臓発作を起こし息を引き取ったと伝えられる。遺体はパリのペール・ラシェーズ墓地に埋葬。カトリック教会は当初ミサの執行を許可しなかったが、数万人を超える人々が葬列を見送ったという。またシャルル・アズナヴール、イヴ・モンタン、ジルベール・ベコー、ジョルジュ・ムスタキなどすぐれた歌手を見いだした。パリ 11 区のクレスパン・デュ・ガスト通りにエディット・ピアフ博物館がある。

■ Pigalle (L.6)

ピガール。モンマルトルのふもとにあるパリ随一の歓楽街。

■ *Mon légionnaire* (L.8)

『私の兵隊さん』(1936)。レーモン・アッソ作詞、マルグリット・モノー作曲。当初はマリー・デュバによって歌われた。légionnaire は外人部隊の兵をさす。兵士と一夜をともに過ごした女性のロマンティックな心情が描かれている。1987 年にはセルジュ・ゲンズブールがこの曲の「ファンク」バージョンを出している。

■ *La Vie en rose* (L.9)

『バラ色の人生』。1945 年に書かれ、翌年にレコード化された。作曲はピエール・ルイギィ。タイトルは歌詞の一部 « Je vois la vie en rose.» (人生がバラ色に見える) に由来する。

■ *L'Hymne à l'amour* (L.10)

『愛の賛歌』。マルグリット・モノーの作曲となっているが、メロディーもピアフが作ったとされる (ピアフは音楽著作権協会から作曲家としての認定を受けていなかったため)。当時の恋人でボクシング世界チャンピオンのマルセル・セルダンに捧げられている。セルダンは 1949 年 10 月 28 日、ピアフに会うためパリからニューヨークへ向かう途中、飛行機事故で亡くなった。この歌の成立については、本文に書かれているような伝説が流布しているが、実際にはセルダンとの出会い (1949 年初め) からしばらくして作られ、1949 年 9 月、ニューヨークのキャバレー「ヴェルサイユ」で初めて歌われた。セルダンの死を知った翌日、ピアフは、「ヴェルサイユ」でこの歌を歌い終わった後、舞台上で気を失ったとも伝えられている。

■ Milord (L.12)

『ミロール』(1959)。ジョルジュ・ムスタキ作詞、マルグリット・モノー作曲。Milord は英語の My lord に由来。元来イギリス人紳士への呼びかけだったが、ここでは街の女性が客を引くときのことば。

■ *Non, je ne regrette rien* (L.12)

ミシェル・ヴォケール作詞、シャルル・デュモン作曲。1959 年にレコード化。日本では『水に流して』のタイトルで知られるが、原題の意味からはほど遠い。

■le film d'Olivier Dahn, *La Môme* (2007) (L.19)

　オリヴィエ・ダアン (1967-) はフランスの映画監督・脚本家。映画 *La Môme*（日本でのタイトルは『エディット・ピアフ　愛の賛歌』、英語圏でのタイトルは *La Vie en rose*）では、ピアフ役のマリオン・コティヤールが好演。フランスで最も権威のある映画賞のセザール賞と米国アカデミー賞の主演女優賞を同時に獲得している。ダアンには他に『クリムゾン・リバー2　黙示録の天使たち』(2004)、『グレース・オブ・モナコ 公妃の切り札』(2014) などの作品がある。

Grammaire

直説法半過去

（形態）〈語幹＋語尾〉

　　語幹：直説法現在1人称複数の活用形から語尾 -ons を除いた形（être のみ例外）。
　　語尾：すべての動詞に共通（je -ais, tu -ais, il -ait, nous -ions, vous -iez, ils -aient）。

（用法） a）過去のある時点における状況やそのとき進行中の事がらを表す。

　　　　Quand elle est morte, elle *avait* 87 ans.
　　　　　彼女が亡くなったとき、87才だった。

　　　 b）過去において繰り返し行われた行為を表す。

　　　　Quand j'étais enfant, j'*allais* pêcher dans une petite rivière près de chez moi.
　　　　　小さい頃、家の近くの小川へよく釣りに行ったものだ。

　　　 c）時制の一致で、過去における現在を表す。

　　　　Jacques m'a dit qu'il *était* fatigué ce jour-là.
　　　　（= Jacques m'a dit : « Je suis fatigué aujourd'hui. »）
　　　　　ジャックは、今日は疲れていると私にいった。

代名動詞の複合過去　〈(再帰代名詞＋) 助動詞 être ＋過去分詞〉

助動詞は常に être。再帰代名詞が直接目的語のとき、または直接目的語とみなされるときに
過去分詞は再帰代名詞（＝主語）の性数に一致するが、間接目的語の場合は一致しない。

　　　　Nous *nous sommes couchés* très tard hier.（se coucher 再帰的用法 , se ＝直接目的語）
　　　　　私たちは昨日寝るのがとても遅かった。

　　　　Ils *se sont serré* la main.（se serrer 相互的用法 , se ＝間接目的語）
　　　　　彼らは握手を交わした。

　　　　Les voleurs *se sont enfuis* par la fenêtre.（s'enfuir 本来的用法 , se ＝直接目的語）
　　　　　泥棒たちは窓から逃げた。

Exercices

1 与えられた動詞を複合過去か半過去にして記入し、全文を日本語に訳しなさい。

（　　　　　）には1語ずつ入ります。

Traduisez les phrases suivantes en japonais, en mettant les verbes indiqués au passé composé ou à l'imparfait.

1) Elles (　　　　) (　　　　) (　　　　) devant la vitrine. (s'arrêter)

2) Ma fille (　　　　) (　　　　) en 1995, quand j'(　　　　) 38 ans. (naître/avoir)

3) Françoise nous a dit qu'elle (　　　　) à Kyoto depuis 25 ans. (habiter)

4) Mon mari et moi, nous (　　　　) (　　　　) (　　　　) au banquet de mariage de ma cousine. (se rencontrer)

2 本文の内容に一致するものには **vrai** を、一致しないものには **faux** を（　　　　）に記入しなさい。

Répondez par vrai ou faux.

1) Édith Piaf était une chanteuse, grande et robuste. 　　　　　　（　　　）

2) Elle a commencé sa carrière dans des cabarets. 　　　　　　（　　　）

3) Elle a fasciné le public par ses chansons émouvantes et vraies. 　　（　　　）

3 本文の内容に即して、次の設問にフランス語で（あるいは日本語で）答えなさい。

Répondez en français (ou en japonais) aux questions suivantes.

1) Que faisaient les parents de Piaf ?

2) Quel était le sujet principal de ses chansons ?

3) Comment était-elle à la fin de sa vie ?

4 調べてみよう！

Cherchez !

『愛の賛歌』の原詩と日本人による訳詩を比較してみましょう。

Hymne à L'amour

Le ciel bleu sur nous peut s'effondrer
Et la terre peut bien s'écrouler
Peu m'importe si tu m'aimes
Je me fous du monde entier
Tant qu'l'amour inond'ra mes matins
Tant que mon corps frémira sous tes mains
Peu m'importe les problèmes
Mon amour puisque tu m'aimes

J'irais jusqu'au bout du monde
Je me ferais teindre en blonde
Si tu me le demandais
J'irais décrocher la lune
J'irais voler la fortune
Si tu me le demandais
Je renierais ma patrie
Je renierais mes amis
Si tu me le demandais
On peut bien rire de moi
Je ferais n'importe quoi
Si tu me le demandais

Si un jour la vie t'arrache à moi
Si tu meurs que tu sois loin de moi
Peu m'importe si tu m'aimes
Car moi je mourrai aussi
Nous aurons pour nous l'éternité
Dans le bleu de toute l'immensité
Dans le ciel plus de problèmes
Mon amour crois-tu qu'on s'aime
Dieu réunit ceux qui s'aiment

Yves Saint Laurent

イヴ・サン＝ローラン

サン＝ローランは、現代美術や世界の多様な文化を研ぎ澄まされたセンスでファッションに取り込み、現代モードの大きな潮流を創り上げました。

Les initiales « YSL » représentent la signature d'un couturier qui a uni la mode aux arts, qui a concilié l'émancipation des femmes et l'affirmation de leur féminité. En phase avec son époque, Yves Saint Laurent est l'héritier de Coco Chanel pour ses silhouettes qui libèrent les femmes et le successeur de Christian Dior pour ses lignes gracieusement
5 féminines.

Saint Laurent n'a que 26 ans lorsqu'il fonde en 1962 sa Maison de couture parisienne. Travailleur humble, cultivé et novateur, ses créations bouleversent immédiatement le monde de la haute couture ; le vêtement masculin est féminisé pour recomposer des figures contemporaines, androgynes : le « smoking », le
10 tailleur-pantalon, la saharienne, le blazer, le caban… Saint Laurent impose aussi un style d'une suprême élégance par la richesse des tissus, ses références aux cultures du monde, ses « hommages » aux peintres. Pour Jean-Paul Gaultier, « Yves Saint Laurent a ouvert des portes fermées devant nous ».

Catherine Deneuve, que Saint Laurent a habillée dans la vie et au cinéma pendant
15 trente ans, a ces mots lorsque le grand couturier décide de se retirer en 2002 : « Ses créations dureront, continueront de vivre et d'inspirer d'autres gens. Mais le retrait de

quelqu'un qui a tellement aimé les femmes, qui les a habillées avec autant de talent, va

créer un grand vide ».

À sa mort en 2008, Saint Laurent reçoit les honneurs militaires en sa qualité de

20 Grand Officier de la Légion d'honneur. Les cendres de son corps ont été placées dans le

jardin de sa maison de Marrakech, la ville qui l'a tant inspiré.

Notes

1 ▸ représentent : < représenter
 ▸ a uni... aux... : 〔unir A à B〕「A を B に結びつける」
2 ▸ a concilié : 〔concilier A et B〕「A と B を両立させる」
 ▸ En phase avec... : 「～と同じ位相で／～とうまく折り合って」
4 ▸ libèrent : < libérer
 ▸ gracieusement : gracieuse ＋ ment
  gracieuse (f.) < gracieux (m.) < grâce (n.f.)
6 ▸ fonde : < fonder
 ▸ Maison de couture : 「高級服飾店」。略して「メゾン」ともいう。
7 ▸ bouleversent : < bouleverser
8 ▸ la haute couture : 「オート・クチュール」haut(e) の h は有音のため、定冠詞 la とエリズィオンはしない。注文に応じ、手作業で仕立てる高級婦人服。(cf.) prêt-à-porter「プレタポルテ／高級既製服」
9 ▸ figures... androgynes : 「両性具有的な形象（シルエット）」
 ▸ « smoking » : 「スモーキング」。婦人用のタキシード。
10 ▸ tailleur-pantalon : 「パンタロン・スーツ」
 ▸ saharienne : 「サファリジャケット」。軍服から着想された半袖でベルト付きのジャケット。ポケットは張り付け。
 ▸ caban : 「ピージャケット」。船乗りが着るフード付きコート。
 ▸ impose : < imposer
11 ▸ la richesse des tissus : 「布地をぜいたくに用いること」
 ▸ références aux cultures du monde : 「世界の多様な文化を参照すること」。サン＝ローランはアフ

リカやアジアの文化にも関心を寄せていた。またナオミ・キャンベルや川原亜矢子など、黒人やアジア人のモデルをショーに起用した最初のデザイナーでもある。
12 ▸ « hommages » aux peintres : 「画家たちへの『オマージュ（敬意）』」。サン＝ローランは、ゴッホ、ピカソ、ブラック、マチス、モンドリアン、ウォーホールなどの画家たちからインスピレーションを得ている。
13 ▸ a ouvert : < ouvrir
14 ▸ a habillée : < habiller (v.t.)。他動詞。(cf.) s'habiller 代名動詞
15 ▸ décide de : 〔décider de ＋不定詞〕「～することを決意する」
16 ▸ dureront : < durer 単純未来形
 ▸ continueront de... : 〔continuer de ＋不定詞〕「～し続ける」
 ▸ d'autres gens : d' (＝ de) は複数不定冠詞複数の des が変化したもの。
17 ▸ quelqu'un qui... : 「～のような人」
 ▸ qui les a habillées : les は les femmes を受ける代名詞で動詞 habiller の直接目的語となっている。このように直接目的語が動詞よりも前に位置するとき、過去分詞の性数はその目的語に一致させる。この場合は女性複数 (-es)。**補遺Ⅷ 2）性数の一致 b）**を参照。
 ▸ autant de... : 「これほど多くの（豊かな）～」
 ▸ va créer : 〔aller ＋不定詞〕近い未来を表す。
19 ▸ reçoit : < recevoir
 ▸ en sa qualité de... : 「～の資格で／～として」
20 ▸ Les cendres... ont été placées : < placer 受動態・複合過去
21 ▸ l'a tant inspiré : < inspirer、l' ＝ le ＝ Saint Laurent

45

■Yves Saint Laurent

　イヴ・サン＝ローラン（1936-2008）。当時フランス領だったアルジェリアのオランに生まれる。パリでデザインを学び、1954年国際羊毛事務局コンクールの若手ファッション・デザイナー部門で優勝。クリスチャン・ディオールに才能を認められ、ディオールの死後（1957）は主任デザイナーとしてメゾンの後継者となる。1958年、最初のコレクションで「トラペーズ・ライン」（台形型に裾に拡がるライン）を発表し一躍脚光を浴びる。しかし1960年アルジェリア戦争で徴兵され、精神的なストレスで入院。退院後パートナーのピエール・ベルジェとともに独立する。モンドリアン・ルック（1965）、婦人用タキシード（1966）、映画『昼顔』のカトリーヌ・ドヌーヴの衣裳（1967）、サファリ・ルック（1968）など話題作を次々と発表するとともに、1966年には初のプレタポルテ・ブティック「リーヴ・ゴーシュ」をパリにオープンする。舞台美術や舞台衣裳のデザインも積極的に手がけたサン＝ローランは、現代美術のコレクターでもあり、そこから多くの着想を得ると同時に、アフリカやアジアなど非西欧世界の文化への関心も持ち続けた。2002年に引退した後は、モロッコのマラケシュで余生の大半を送った。

■Coco Chanel (L.3)

　ココ・シャネル（1883-1971）。本名は Gabrielle Bonheur Chanel。フランス中部オーヴェルニュ地方のソミュールの救済病院で生まれ、その後孤児として修道院で育つ。このとき裁縫の技術を身につける。初めは歌手を志すが、1910年、カンボン通りに帽子専門店「シャネル・モード」を開店。そこから、高級婦人服、香水、アクセサリーへと事業を大きく展開していく。第2次大戦前は、ピカソやジャン・コクトー、ストラヴィンスキー、ディアギレフなど芸術家や著名人との華やかな交際で社交界の注目を集めるが、戦争が勃発してからは活動を休止。戦後は大戦中のナチスドイツへの協力が問題となって一時スイスに逃れる。1954年に活動を再開し、旺盛な活躍を見せるが、1971年、コレクションの準備中にパリのリッツ・ホテルで亡くなる。紳士服のデザインを大胆に取り入れると同時に、シンプルなラインに基づいた女性のエレガンスを追求した。

■Christian Dior (L.4)

　クリスチャン・ディオール（1905-1957）。フランス北西部ノルマンディー地方のグランヴィルに生まれる。両親は外交官になることを望んでいたが、自身は建築家志望だった。パリ政治学院（Sciences Po とも呼ばれる）に学び（1920-25）、パリでアート・ギャラリー経営に携わった後、デザインの道に入る。1946年には自身のオートクチュール・メゾンを設立。47年春夏コレクションでは、いわゆる「ニュー・ルック」（傾斜した肩のライン、絞られたウェスト、フルスカートのアンサンブル）で一世を風靡、また55年には「Aライン」を発表し、女性の本質を強調するシルエットでファッション界をリードした。1957年に心臓発作で急死。

■Jean-Paul Gaultier (L.12)

　ジャン＝ポール・ゴルチエ（1952-）。パリ南の郊外バニュー生まれ。1970年にピエール・カルダンのアシスタントになり、76年初のコレクションを発表するが、巨額の負債をかかえる。78年に日本の服飾メーカー樫山とライセンス契約を結ぶ。1980年代には下着ルックやボンデージ・ファッションなどで話題を呼んだ。84年にはメンズ・コレクション、97年からはオートクチュール・コレクションも発表。映画の衣装（P. グリーナウェイ『コックと泥棒、その妻と愛人』(1989)、J.＝P. ジュネ＆M. カロ『ロスト・チルドレン』(1995)、L. ベッソン『フィフス・エレメント』(1997) など）や、舞台衣裳（円錐型ブラのマドンナ、BOØWY、THE ALFEE、宝塚歌劇など）も多く手がけている。男性／女性、聖女／娼婦、西洋／東洋とい

った二項対立的思考・既成概念に挑戦し続けている。

■Catherine Deneuve (L.14)

カトリーヌ・ドヌーヴ (1943-)。フランスを代表する女優。共和国の象徴マリアンヌにも選ばれている（本巻6課を参照）。数多くの映画に出演しているが、代表作として、『シェルブールの雨傘』(1964)、『昼顔』(1967)、『モン・パリ』(1973)、『終電車』(1980)、『インドシナ』(1992)、『ポーラ X』(1999)、『隠された日記 母たち、娘たち』(2009)、『真実』(是枝裕和監督、2015) などがある。

■Légion d'honneur (L.20)

「レジオン・ドヌール勲章」。執政期 (1799-1804) にナポレオンによって制定された。5つの等級 (1.Grand-Croix「グランクロワ（大十字）」2. Grand Officier「グラントフィシエ（大将校）」3. Commandeur「コマンドゥール（士官）」4. Officier「オフィシエ（将校）」5. Chevalier「シュヴァリエ（騎士）」) があるが、民間人に与えられるのは、コマンドゥール以下。外国人にも授与され、日本人受賞者も数多い。コマンドゥールでは緒方貞子 (2001)、大江健三郎 (2002)、三宅一生 (2016)、安藤忠雄 (2021)、オフィシエでは藤田嗣治 (1957)、小澤征爾 (2008)、北野武 (2016)、シュヴァリエでは池田理代子 (2009)、向井千秋 (1915)、コシノジュンコ (2021) など。

Grammaire

未来の表現

1）直説法単純未来

（形態）〈語幹＋語尾〉

　　語幹：直説法現在 1 人称複数の活用形から語尾 -ons を除いた形。ただし avoir(au-), être(se-), aller(i-), venir(viend-), faire(fe-), voir(ver-), pouvoir(pour-) など、特殊な語幹を持つ動詞もある。

　　語尾：すべての動詞に共通（je -rai, tu -ras, il -ra, nous -rons, vous -rez, ils -ront）。

（用法）現在を起点として未来に起こると予想される行為や事がらを表す。また推測や依頼、命令のニュアンスを帯びることもある。

　　Il *pleuvra* demain.
　　　明日は雨になるでしょう。
　　Tu m'*aideras*！
　　　手伝ってね。

2）直説法前未来

（形態）〈avoir または être の直説法単純未来＋過去分詞〉

（用法）未来のある時点において完了している事がらを表す。
　　Ma mère *sera rentrée* avant midi.
　　　母は正午までには戻っているでしょう。

3）〈aller ＋不定詞〉

（用法）「まさに〜しようとしている」というニュアンスを持つため、「近接未来」や「近い未来」とも呼ばれる。現在の状況からみて話者が当然起こり得ると見なしている場合に用いられる。

　　Il *va pleuvoir*.
　　　もうすぐ雨が降ってくるよ。

　　* 〈aller ＋不定詞〉は、「〜しに行く」という意味でも用いられる。
　　　Je *vais chercher* ma tante à l'aéroport.　空港まで叔母を迎えに行きます。
　　** 「いま〜したところだ」という「近い過去」については、〈venir de ＋不定詞〉で表される。
　　　Nous *venons d'arriver* à la gare.　いま駅に着いたところだ。

Exercices

1 与えられた動詞を単純未来か前未来にして記入し、全文を日本語に訳しなさい。
( ) には1語ずつ入ります。

Traduisez les phrases suivantes en japonais, en mettant les verbes indiqués au futur simple ou au futur antérieur.

1) J'( ) vingt ans le mois prochain. (avoir)

2) On se ( ) devant le cinéma vers cinq heures. (voir)

3) J'( ) ( ) ce travail en moins de trente minutes. (terminer)

4) Tu me ( ) aussitôt que tu ( ) ( ) à la gare. (téléphoner/arriver)

2 本文の内容に一致するものには **vrai** を、一致しないものには **faux** を（ ）に記入しなさい。

Répondez par vrai ou faux.

1) Coco Chanel et Christian Dior sont les successeurs de Saint Laurent. ( )

2) Il a été inspiré par le vêtement masculin, les cultures du monde et les peintres. ( )

3) Il a habillé Catherine Deneuve dans la vie et au cinéma. ( )

3 本文の内容に即して、次の設問にフランス語で（あるいは日本語で）答えなさい。

Répondez en français (ou en japonais) aux questions suivantes.

1) Quel est le métier d'Yves Saint Laurent, son domaine professionnel ?

2) Selon Jean-Paul Gaultier, quel a été la contribution d'Yves Saint Laurent à la mode ?

3) Où repose Saint Laurent aujourd'hui ?

4 調べてみよう！

Cherchez !

サン＝ローランがデザインした衣服を映画や書籍で実際に調べてみましょう。

AMÉLIE POULAIN

アメリ・プーラン

日本でも話題になった映画『アメリ』。独特の個性を備えた主人公の冒険がパリ、モンマルトルを背景に斬新なカメラワークで捉えられています。

Elle ne s'habille qu'en vert et en rouge, son poisson favori souffre de pulsions suicidaires, les os de son voisin sont tout en verre, elle embarque un nain de jardin dans un tour du monde, elle trouve délicieux le bruit de la croûte d'une crème brûlée qu'elle fait craquer avec sa cuillère, elle déteste les acteurs de cinéma qui ne regardent
5 pas la route quand ils conduisent et elle voudrait faire le bonheur de toute l'humanité. Elle s'appelle Amélie Poulain, elle a un sourire espiègle et les petites histoires qu'elle raconte ont fasciné le monde entier.

Avec *Le Fabuleux Destin d'Amélie Poulain*, Jean-Pierre Jeunet a signé un chef-d'œuvre. Un film pittoresque, inattendu, fruit du travail très subtil de la caméra, des
10 effets spéciaux, du choix des couleurs, de l'attention méticuleuse qu'il donne aux détails. Couronné Film européen de l'année en 2001, il reçoit quatre Césars en 2002, fait plus de 30 millions d'entrées dans les cinémas de la planète et est traduit en 25 langues.

Le film n'a pas seulement réveillé la nostalgie du vieux Paris de Montmartre, il a
15 aussi révélé une comédienne très attachante. Audrey Tautou est devenue depuis une actrice fétiche du cinéma français, recherchée par les metteurs en scène contemporains : en 2009, elle a joué le rôle de Coco Chanel, une autre figure anticonformiste et déconcertante, comme Amélie.

1 ▶ ne... qu'... :〔ne... que...〕「〜以外〜しない」限定
  の表現。

  ▶ s'habille... en... :〔s'habiller en + 色〕身に着けて
  いる衣服の色を示す表現。

  ▶ souffre de... :〔souffrir de...〕「〜に苦しむ」

2 ▶ os : 単数形の発音は [ɔs] だが、複数形になると
  [o] となる。

  ▶ en verre : 前置詞 en は素材を表す。(ex.) meuble
  en bois「木製の家具」

  ▶ embarque : < embarquer「〜を乗り物 (映画では
  飛行機) に乗せる」。

3 ▶ tour : (cf.) tourner「回転する」。(ex.) Tour de France
  「ツール・ド・フランス」

  ▶ trouve... :〔trouver + O + C〕「O が C だと思う」。
  O = le bruit、C = délicieux

  ▶ crème brûlée :「クレーム・ブリュレ」。牛乳、生
  クリーム、卵黄、砂糖を用いて作られるデザー
  ト。最後に砂糖を振ってバーナーやグリルで焦
  がし (brûler)、焼き色を付けるのでこの名があ
  る。内部は柔らかいクリームだが、表面は堅いカ
  ラメル状になっている。カタロニア地方の伝統
  的なデザートをもとにして、1970 年代に作り出
  されたとされる。

4 ▶ fait : < faire 使役動詞。

5 ▶ conduisent : < conduire

  ▶ voudrait : < vouloir「(できれば)〜したい」。条件
  法現在の婉曲的用法。

  ▶ faire le bonheur de... :「〜を幸福にする」

6 ▶ qu' : = que 関係代名詞。先行詞は les petites histoires。

7 ▶ le monde entier :「全世界」。(cf.) tout le monde「す
  べての人々」

8 ▶ a signé : < signer「(作品などを) 発表する／世に
  送り出す」

9 ▶ inattendu :「(ストーリーの展開が) 思いがけな
  い」。attendre の過去分詞 attendu に否定の接頭
  辞 in が付いた形。

▶ Un film..., fruit du travail..., des effets...,
  du choix..., de l'attention... : 動詞のな
  い文。4 つの de で始まる前置詞句はすべて fruit
  「結実」にかかっている。また fruit は Un film
  pittoresque, inattendu と同格。

▶ travail... de la caméra :「撮影技術、カメラワー
  ク」。一般に caméra は映像の撮影機を指し、静止
  像を写すいわゆるカメラは appareil (de) photo と
  いう。ただしカナダや最近のフランスでは後者
  も caméra と呼ばれることがある。

10 ▶ qu'il donne... : qu' = que は関係代名詞。il =
  Jean-Pierre Jeunet

11 ▶ Couronné..., :「〜の栄誉を得た」。couronner の過
  去分詞 couronné は主文の主語 il にかかる。この il
  は le film (= *Le Fabuleux Destin d'Amélie Poulain*)
  を指す。

12 ▶ fait plus de 30 millions d'entrées :「3000 万人以
  上の観客を動員した (入場者を生み出した)」

  ▶ est traduit : < traduire 受動態。

14 ▶ ...pas seulement, ...aussi... :「〜だけでなく〜も
  また〜」

  ▶ a ... révélé : < révéler「(隠されていた存在などを)
  明らかにする」

15 ▶ est devenue : < devenir

  ▶ depuis : 副詞で「それ以後」。

16 ▶ fétiche : もともと未開人の呪術的崇拝の対象物
  (物神) を指すが、この場合は、人々に崇拝の念
  を起させる魔術的な力を有した対象といった意
  味合い。名詞だが、同格的に形容詞としても用い
  られる。

  ▶ metteur(s) en scène :「映画監督」< mettre en
  scène (上演する)

17 ▶ une autre figure anticonformiste... :「体制に順応
  しないいま 1 人の人物」。Coco Chanel と同格。

18 ▶ déconcertante : déconcertant(e) < déconcerter
  ↔ concerter < concert (調和)

■**Jean-Pierre Jeunet** (L.8)

　ジャン゠ピエール・ジュネ（1953-）。独特のセンスで描かれた近未来 SF『デリカテッセン』（1991）や『ロスト・チルドレン』（1995）（ともにマルク・キャロとの共同監督作品）により、高い評価を受ける。その後ハリウッドで『エイリアン 4』（1997）を撮った後、『アメリ』（2001）の大ヒットで世界的な名声を得る。他に『ロング・エンゲージメント』（2004）や『ミックマック』（2009）、『天才スピヴェット』（2013）などの作品がある。

■**Film européen de l'année** (L.11)

　その年度の「ヨーロッパ映画賞」受賞作品。「ヨーロッパ映画賞」prix du cinéma européen は 1988 年に設立。毎年、ヨーロッパで最優秀の映画に与えられる。

■**quatre Césars** (L.11)

　「セザール賞」César du cinéma はフランスで最も権威のある映画賞。その 4 部門で受賞したということ。

■**Montmartre** (L.14)

　パリの北に位置する丘を中心とする地域。サクレ・クール寺院があり、また画家や芸術家が集まる場所としても有名。

■**Audrey Tautou** (L.15)

　オドレイ・トトゥ（1978-）。テレビ番組でデビューした後、『エステサロン／ヴィーナス・ビューティー』（1999）でセザール賞有望若手女優賞を受賞。その後、J.=P. ジュネ監督の『アメリ』（2001）の爆発的なヒットによって広く知られるようになる。その他の出演作に『堕天使のパスポート』（2002）や『ロング・エンゲージメント』（2004）などがあり、『ダ・ヴィンチ・コード』（2006）ではトム・ハンクスの相手役を演じている。ココの愛称で親しまれたシャネルが自分の店を持ち、成功を勝ちえるまでの前半生を描いた映画『ココ・アヴァン・シャネル』（アンヌ・フォンテーヌ監督、2009）では、ココ役を好演している。また 2014 年の『ムード・インディゴ うたかたの日々』にも出演している（本巻 15 課 L.15 の注を参照）。

■**Coco Chanel** (L.17)

　ココ・シャネル（1883-1971）。本巻 8 課の注を参照。

Grammaire

条件法

（形態）

　　　　現在：直説法単純未来形の語幹＋語尾〈r ＋直説法半過去の語尾〉
　　　　　　　語尾はすべての動詞に共通（je -rais, tu -rais, il -rait, nous -rions, vous -riez, ils -raient）。
　　　　過去：avoir または être の条件法現在＋過去分詞

（用法）

【法としての用法】

ａ）条件文の帰結として

　　　　si ＋ 直説法半過去 , 条件法現在：現在または未来における非現実的な仮定とその帰結

　　　　　　Si elle *venait*, je lui *parlerais*.
　　　　　　　もし彼女が来るなら、話をするのに。

　　　　si ＋ 直説法大過去 *, 条件法過去：過去における非現実的な仮定とその帰結

　　　　　　Si elle *était venue*, je lui *aurais parlé*.
　　　　　　　もし彼女が来たなら、話をしたのに。

　　　　　＊直説法大過去は、英語の過去完了に相当し、過去のある時点ですでに完了している行為や状態を表す。
　　　　　＊大過去の形態は〈avoir または être の直説法半過去＋過去分詞〉
　　　　　＊実現性のある仮定とその帰結については〈si ＋ 直説法現在 , 直説法単純未来〉を用いる。
　　　　　　Si elle vient, je lui parlerai.　　彼女が来たら、話をしよう。

ｂ）語調の緩和や推測

　　　　　Je *voudrais* essayer ces chaussures.
　　　　　　この靴を試着したいのですが。

　　　　　La catastrophe aérienne *aurait fait* beaucoup de victimes.
　　　　　　その飛行機事故で大勢の犠牲者が出たらしい。

【時制としての用法】

ａ）過去における未来：　条件法現在

　　　　　Il m'a dit qu'il *reviendrait* le lendemain.
　　　　　（Il m'a dit : « Je reviendrai demain. »）
　　　　　　彼は翌日戻ってくると私に言った。

ｂ）過去における前未来：　条件法過去

　　　　　Elle m'a dit qu'elle *serait rentrée* avant cinq heures.
　　　　　（Elle m'a dit : « Je serai rentrée avant cinq heures. »）
　　　　　　彼女は５時までには帰ると私に言った。

— E x e r c i c e s —

1 与えられた動詞を条件法にして記入し、全文を日本語に訳しなさい。

（　　　　　）には１語ずつ入ります。

Traduisez les phrases suivantes en japonais, en mettant les verbes indiqués au conditionnel.

1) Si vous veniez nous voir, nous (　　　　) très contents. (être)

2) Monsieur, je (　　　　) poser une question. (vouloir)

3) Olivier m'a dit qu'il me (　　　　) mon livre dès qu'il l'(　　　　) (　　　　). (rendre/lire)

4) Tu (　　　) (　　　) nous dire la vérité ! (devoir)

2 本文の内容に一致するものには **vrai** を、一致しないものには **faux** を（　　　　）に記入しなさい。

Répondez par vrai ou faux.

1) Amélie Poulain est une jeune femme qui a des goûts tout à fait normaux.　　（　　　）

2) Le but d'Amélie dans la vie est de faire le bonheur de l'humanité.　　（　　　）

3) Le film *Le Fabuleux Destin d'Amélie Poulain* a reçu quatre Césars en 2001.　　（　　　）

3 本文の内容に即して、次の設問にフランス語で（あるいは日本語で）答えなさい。

Répondez en français (ou en japonais) aux questions suivantes.

1) Qui est le metteur en scène du film *Le Fabuleux Destin d'Amélie Poulain* ?

2) Dans quel quartier parisien se déroule le film ?

3) Quelle personnalité Audrey Tautou a-t-elle incarné ensuite ?

4 調べてみよう！

Cherchez !

映画『アメリ』とテキストの内容と比較してみましょう。

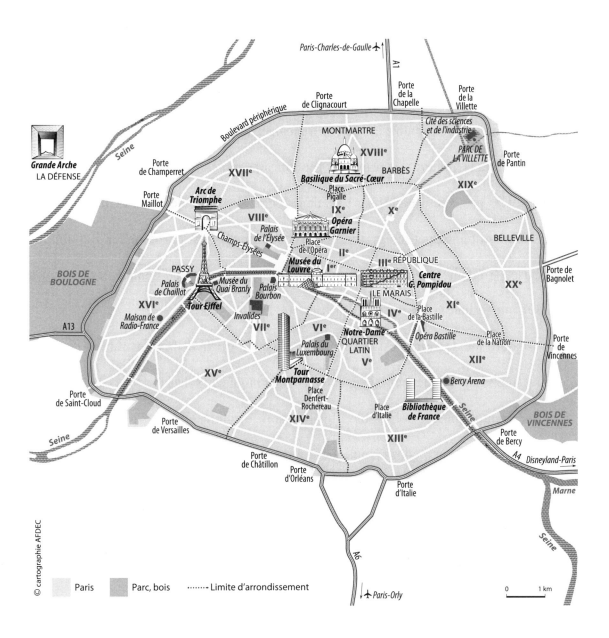

RÉPUBLIQUE

共和国フランス

「共和国」の理念は、フランスおよびフランス人を根底から支えている基盤なのです。

Pour mieux comprendre la société française, ses débats et ses polémiques, il faut les examiner à la lumière des principes républicains qui constituent l'identité politique du pays. Ces principes, fondés sur les valeurs de justice et de démocratie, favorisent un État interventionniste et intégrationniste. C'est sous la Révolution que la République

5 française est établie sur la base de la Déclaration des droits de l'homme et du citoyen (1789), que résume la devise nationale : Liberté, Égalité, Fraternité.

Aujourd'hui, la France est définie par le premier article de la Constitution de 1958 comme une « République indivisible, laïque, démocratique et sociale ».

La République est indivisible : les lois sont formulées par les représentants du

10 peuple (le Parlement), elles s'appliquent à tous et sur tout le territoire français ; les citoyens sont égaux et bénéficient des mêmes droits, quelles que soient leur couleur, leur origine, leur religion.

La République est laïque : l'État est neutre, il ne favorise ou ne finance aucun culte religieux mais garantit aux citoyens la liberté de conscience et de croyance ; toute

15 démonstration d'appartenance religieuse par ceux qui servent l'État (les fonctionnaires) est interdite et les signes religieux ostentatoires dans les établissements scolaires sont proscrits (depuis 2004).

La République est démocratique : l'État garantit aux citoyens la liberté d'opinion, la liberté de se déplacer, de se réunir et de manifester ; l'élection des représentants du

20 peuple est faite au suffrage universel.

La République est sociale : l'État est solidaire des citoyens, il promeut l'égalité des

chances en assurant l'école pour tous, il intervient pour assurer le bien-être social et la

santé des citoyens en garantissant l'accès aux services publics.

Notes

1 ▶ ses débats et ses polémiques : 前者は議場や法廷などでの大がかりな論議、後者は文書による論争を指す。

▶ il faut : 必要性を表す非人称表現。< falloir。les = ses débats et ses polémiques

2 ▶ à la lumière des : 〔à la lumière de...〕「～に照らして」

3 ▶ fondés sur... : 〔être fondé sur...〕「～に基づいた」

▶ favorisent : < favoriser「促進する」

4 ▶ interventionniste : 「干渉主義の」

▶ intégrationniste : 「統合主義の（人種差別などを行わない）」

▶ C'est...que... : 強調構文。補遺Ⅵを参照。

5 ▶ sur la base de... : 「～の基盤の上に」

6 ▶ que résume la devise nationale : 主語（la devise nationale）と動詞（< résumer）が倒置されている。que は動詞の直接目的語を導く関係代名詞。

7 ▶ est définie par... comme... : 〔A définir B comme C〕「A が B を C と定義する」の受動態「B が A によって C と定義される」。

11 ▶ quelles que soient... : 「～が何であれ」。接続法が用いられる。quelles は後に続く名詞に一致。

15 ▶ ceux qui servent l'État : 〔ceux qui...〕「～する人々」。servent < servir.

16 ▶ signes religieux ostentatoires : 宗教色をあからさまに示すこと。

18 ▶ l'État garantit aux citoyens la liberté... : 〔garantir A（直接目的語）à B（間接目的語）〕「B に A を保証する」。A = la liberté...、B = les citoyens。

20 ▶ suffrage universel : 「普通選挙」

21 ▶ solidaire des... : 〔solidaire de...〕「～と強く結びついている」

▶ promeut : < promouvoir

22 ▶ en assurant : < assurer のジェロンディフ。手段を表す。

▶ intervient : < intervenir

23 ▶ en garantissant : < garantir

Clés

■la République française (L.4)
「フランス共和国」。王政が崩壊し、フランスに初めて共和制が敷かれるのは、1792 年 9 月（第 1 共和制）のこと。

■la Déclaration des droits de l'homme et du citoyen (L.5)
「人および市民の権利の宣言」。略して「人権宣言」と呼ばれることもある。1789 年 8 月 26 日に憲法制定国民議会により採択。

■le premier article de la Constitution de 1958 (L.7)
「1958 年（10 月 4 日）に制定された第 5 共和国憲法の第 1 条」。第 1 条では共和国の定義がなされている。その第 1 段落は以下の通り：

La France est une République indivisible, laïque, démocratique et sociale. Elle assure l'égalité devant la loi de tous les citoyens sans distinction d'origine, de race ou de religion. Elle respecte toutes les croyances. Son organisation est décentralisée.

フランスは、不可分の非宗教的、民主的かつ社会的な共和国である。フランスは、出身、人種または宗教による区別なしに、すべての市民の法の前の平等を保障する。フランスはすべての信条を尊重する。その組織は地方分権化される。

なお、第5共和国憲法はその後何度か改正されている。

■**La République est laïque** (L.13)

laïcité「非宗教性」は、元来カトリック教会の介入を退ける目的があったが、すべての宗教に対しても適用される。現在、公教育の現場ではイスラム教徒のヴェールも禁止されており、しばしば問題となっている。

Grammaire

接続法

（形態） **現在**：語幹は原則として直説法現在3人称複数の活用形から語尾 -ent を除いた形。語尾はすべての動詞に共通（je -e, tu -es, il -e, nous -ions, vous -iez, ils -ent）。

過去：avoir または être の接続法現在＋過去分詞

（用法） 事がらを話者の気持ちや主観的な感情を通して述べる。
  * 原則として従属節の中で用いられる

  a）主節の動詞が願望や命令、疑惑など主観的な感情を表す場合
  Je souhaite que tout *aille* bien. (aller)　すべてがうまくいくことを願っています。

  b）話者の判断が混じる非人称構文で
  Il faut que vous *partiez* tout de suite. (partir)　あなたはすぐに出発しなければなりません。

  c）判断を表す主節の動詞が否定形や疑問形になり、従属節の内容が不確実になる場合
  Je ne pense pas qu'elle *soit* heureuse. (être)　彼女が幸せだとは、私は思わない。

  d）関係代名詞構文で、先行詞の存在が不確実な場合や先行詞が最上級やそれに準じる表現で強調されている場合
  Elle cherche un appartement qui *ait* quatre pièces. (avoir)
  　彼女は4部屋あるマンションを探している。

  C'est le meilleur vin que je *puisse* vous offrir. (pouvoir)
  　これは私があなたに差し上げることのできる最も良いワインです。

  e）目的、譲歩、期限など、話者の主観的な願望や感情などを導く特定の接続詞句の後で
  Voulez-vous parler plus haut <u>pour que</u> tout le monde vous *entende* ? (entendre)
  　みんなに聞こえるよう、もっと大きな声で話していただけませんか？

  <u>Bien qu'il</u> n'*ait* pas été invité, il est venu. (être invité)
  　招待されていないのに、彼はやって来た。

  f）que で始まる独立節で。命令や願望を表す
  Qu'il *vienne* me voir avant de partir ! (venir)
  　出発する前に私に会いに来るよう、彼に言ってくれ。

Exercices

1 与えられた動詞を接続法にして記入し、全文を日本語に訳しなさい。

（　　　　　）には1語ずつ入ります。

Traduisez les phrases suivantes en japonais, en mettant les verbes indiqués au subjonctif.

1) J'aimerais que mon fils (　　　　　) le concours d'entrée. (réussir)

2) Je ne pense pas que vous (　　　　) raison. (avoir)

3) Bien qu'il (　　　　) très chaud, il porte une cravate. (faire)

4) C'est l'un des meilleurs restaurants que je (　　　　　) dans ce quartier. (connaître)

5) Que tout (　　　　) terminé ce soir ! (être)

2 本文の内容に一致するものには **vrai** を、一致しないものには **faux** を（　　　　）に記入しなさい。

Répondez par vrai ou faux.

1) Les principes républicains reposent sur les valeurs de justice et de démocratie. (　　　　)

2) L'État français n'est pas toujours neutre. (　　　　)

3) La République restreint aux citoyens la liberté de se déplacer. (　　　　)

3 本文の内容に即して、次の設問にフランス語で（あるいは日本語で）答えなさい。

Répondez en français (ou en japonais) aux questions suivantes.

1) Quel texte historique a inspiré la Constitution républicaine ?

2) Comment la République est-elle définie par le premier article de la Constitution ?

3) Pourquoi l'État intervient-il dans les affaires publiques ?

4 調べてみよう！

Cherchez !

共和国憲法のもとになった「人および市民の権利の宣言」（「人権宣言」）を調べてみましょう。

TOUR EIFFEL

エッフェル塔

いまやパリの風景に溶け込み、なくてはならないシンボルともいえる存在。しかし建築当初はさまざまな議論があったのです。

La tour la plus célèbre du monde est une survivante. Plusieurs fois après son installation en 1889, on a sérieusement pensé à la démonter, on trouvait sa silhouette dans le ciel de la capitale

5 dérangeante et dangereuse. Ce n'est qu'en 1910 qu'elle a acquis sa place permanente près de la Seine. En 1964, la tour Eiffel a finalement été déclarée monument historique national.

La Grande Dame de fer est le fruit du travail de Gustave Eiffel et de ses deux partenaires ingénieurs Nouguier et Koechlin. Construite en deux ans à l'occasion de

10 l'Exposition Universelle de 1889, cette structure spectaculaire avait pour but d'illustrer l'essor industriel de la France, un siècle après la Révolution française. Avec ses 312 mètres (il n'y avait pas encore d'antenne) et ses 1665 marches qu'on pouvait monter à pied, le succès de cette merveille technologique était assuré.

La tour est aujourd'hui l'une des attractions majeures du tourisme international.

15 Les Parisiens n'y prêtent pas beaucoup d'attention, mais près de 7 millions de visiteurs du monde entier viennent l'admirer chaque année. La tour est repeinte tous les sept ans avec plus de 60 tonnes de peinture et, depuis quelques années, elle scintille de toutes ses lumières dans la nuit parisienne.

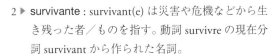

Notes

2 ▶ survivante : survivant(e) は災害や危機などから生き残った者／ものを指す。動詞 survivre の現在分詞 survivant から作られた名詞。

4 ▶ on trouvait sa silhouette... dérangeante... :〔trouver A B〕「A が B だと思う」

5 ▶ Ce n'est qu'en 1910 qu'elle... :〔Ce qu'elle...〕の Ce... que... は強調構文を構成している（強調構文については**補遺Ⅵ**を参照）。また n'est qu'en 1910... の ne... que... は「～以外のなにものでもない」という強い限定を表している。

▶ a acquis : < acquérir

6 ▶ la tour Eiffel a... été déclarée monument historique... :〔déclarer A B〕「A が B であると宣言する」が受け身になった形。A = la tour Eiffel、B = monument historique.

8 ▶ La Grande Dame de fer :「鉄の貴婦人」。もちろん grande は背の高さも含意している。

9 ▶ partenaires ingénieurs : 両方とも名詞だが、ingénieurs が形容詞的に partenaires にかかると考えればよい。

10 ▶ avait pour but d'... :〔avoir pour but de ＋不定詞〕「～することを目的とする」

15 ▶ Les Parisiens n'y prêtent pas beaucoup d'attention :〔prêter attention à A〕「A に注意を払う」。この場合 A は la tour。また中性代名詞 y は à la tour を指す。

16 ▶ viennent l'admirer : l' = la = la tour.〔venir ＋不定詞〕「～しに来る」。(cf.)〔venir de ＋不定詞〕（近い過去の表現）。

▶ est repeinte : repeint(e) < repeindre 受動態。

▶ tous les sept ans :「7 年ごとに」

17 ▶ peinture :「塗料」

18 ▶ de toutes ses lumières :「自らが放つ光によって」

Clés

■1910 (L.5)

　万博以降、訪問者数も減り、解体すべきとの意見も出ていたが、この頃、塔の科学的・軍事的効用についての認識が高まり、存続が決まった。

■Gustave Eiffel (L.8)

　ギュスターヴ・エッフェル（1832-1923）。ディジョン生まれの技師、実業家。身長 150cm の小柄な体躯だった。グランド・ゼコルの 1 つ「中央工芸学校」で学ぶ。鉄橋など鉄骨構造の設計に優れ、1866 年にはパートナーとともにエッフェル社を創業し、内外で大きな事業に携わる。とりわけパリ万博（1889）では、自らの名を冠したシンボル・タワーをセーヌ河畔のシャン・ド・マルス北側に建造し、世界の注目を浴びる。1893 年にパナマ運河建設の疑獄事件で有罪となるが（後に無罪が判明）、以後はエッフェル塔 4 階にサロンを作り、著名な学者も招いて気象観測、空気力学、無線通信などの研究にいそしんだ。アメリカ合衆国独立 100 周年を記念して 1886 年にフランスから贈られた「自由の女神像」の内部構造設計にもエッフェルが参加している。

■Nouguier et Koechlin (L.9)

　エミール・ヌーギエ（1840-98）とモーリス・ケクラン（1856-1946）は鉄骨構造・組み立ての技師。2 人とも当時エッフェル社の社員で、建築部長ステファン・ソーヴェストルとともに実質的にこの塔の制作にあたった。

■l'Exposition Universelle de 1889 (L.10)

　フランス革命 100 周年を記念してパリで開催された万国博覧会。エッフェル塔はこのときのモニュメントとして 2 年の歳月をかけ建造された。

■il n'y avait pas encore d'antenne (L.12)

　現在では放送用のアンテナが設置されており、それを含めると高さは 324 メートル。

Exercices

1 本文の内容に一致するものには **vrai** を、一致しないものには **faux** を（　　　）に記入しなさい。

Répondez par vrai ou faux.

1) La tour Eiffel a plus de 300 mètres de hauteur.　　　　　　　　　（　　　）

2) La tour représentait l'essor industriel de la France au moment de sa construction.

　　　　　　　　　　　　　　　　　　　　　　　　　　　　　　　（　　　）

3) On n'a pas besoin de repeindre la tour à intervalles réguliers.　　（　　　）

2 本文の内容に即して、次の設問にフランス語で（あるいは日本語で）答えなさい。

Répondez en français (ou en japonais) aux questions suivantes.

1) À quelle occasion la tour Eiffel a-t-elle été construite ?

2) La tour était-elle appréciée par tout le monde à ses débuts ?

3) Pourquoi peut-on dire que la tour est un lieu touristique important ?

3 調べてみよう！

Cherchez !

これまでエッフェル塔は多くの芸術作品の中で描かれてきました。その具体例を調べてみましょう。
またエッフェル塔に匹敵するような象徴性をもつ日本のモニュメントについても考えてみましょう。

VUITTON

ヴィトン

日本でも馴染みのブランド「ヴィトン」はどのように生まれたのでしょう？
また企業「ヴィトン」の実態は？

Le maroquinier Louis Vuitton a établi sa société en 1854 et c'est en 1896 que son fils Georges crée la fameuse toile imperméable Monogram. Les ornements graphiques qui composent cette toile comprennent les initiales du créateur de la maison mais aussi des motifs floraux inspirés par des dessins japonais traditionnels, au moment où les arts du pays du Soleil Levant étaient découverts par les peintres impressionnistes.

À l'origine, la Maison Vuitton se concentrait sur les articles de bagagerie mais elle s'est depuis diversifiée pour inclure le prêt-à-porter et les chaussures, les stylos, la joaillerie. La Maison promeut aussi la compétition sportive et l'aventure avec des rallyes automobiles, une course de voiliers et une collection littéraire de récits de voyage. En 2010, *la Fondation Louis Vuitton pour la Création* a ouvert un centre à Paris consacré à l'art contemporain. Ce centre est logé dans un « nuage de verre » conçu par l'architecte américain Frank Gehry.

Première marque mondiale de produits de luxe, sujette à beaucoup de contrefaçons, le succès international de Louis Vuitton doit beaucoup à son installation sur les marchés asiatiques : Tokyo en 1978, Séoul en 1984 et Pékin en 1992. Depuis, des centaines de boutiques Louis Vuitton sont présentes dans les plus grandes villes des cinq continents.

Notes

1 ▶ maroquinier : 革製品の製造業者。「モロッコ皮」maroquin が語源。

3 ▶ comprennent : < comprendre。この場合「含む」の意味。

▶ les initiales du créateur de la maison : すなわち Louis Vuitton の L と V。

4 ▶ inspirés par... : 〔inspiré par...〕「～からインスピレーションを得た」。motifs floraux にかかる。

▶ au moment où... : 「ちょうど～のときに」。où は moment を先行詞とする関係代名詞。

5 ▶ étaient découverts : < découvrir の受動態。受動態の時制は être で示される。ここでは半過去。

6 ▶ se concentrait sur... : 〔se concentrer sur...〕「もっぱら～に従事する」。

▶ articles de bagagerie : 「かばん製品」。bagagerie は「かばん製造業」。

7 ▶ s'est... diversifiée : < se diversifier. 過去分詞は再帰代名詞（＝主語）に一致。

▶ pour inclure... : 「～をあわせ持つまでになった」。前置詞 pour は結果を表す。

▶ prêt-à-porter : 〔(être) prêt à ＋不定詞〕「すぐに～できる状態にある」から作られた語。オーダーメイドではない高級既製服を指す。

8 ▶ promeut : < promouvoir

13 ▶ Première marque : 後に現れる Louis Vuitton に同格的にかかる。

▶ sujette à... : 〔(être) sujet(te) à...〕「～を被りやすい」

14 ▶ doit... à... : 〔devoir à...〕「～のおかげである」

Clés

■ Louis Vuitton... son fils Georges (L.1)

創業者のルイ・ヴィトン（1821-92）は1854年パリに旅行かばん専門店をオープン。その後息子のジョルジュ（1857-1936）が事業を拡大し、世界的なファッション・ブランドへと成長。1987年にはモエ・ヘネシーと合併しLVMH（モエ・ヘネシー・ルイ・ヴィトン）となる。LVMHは傘下に多くのブランドを持つコングロマリットで、ヴィトンはその中核をなす。

■ Monogram (L.2)

「モノグラム」。monogramme（氏名の頭文字を組み合わせて図案化したもの）から作られた製品ライン名。ヴィトンのトレードマークともいえる。当初、防水性の布地を張り付けたヴィトンのトランクは多くの模造品を生んだため、1888年ジョルジュは布地にチェス盤模様の Damier「ダミエ」の図柄を用いて対抗した。しかしこれもまた模造品が多く出回り、1896年には「モノグラム」が考案されるのだが、このモノグラムもまたコピー商品に悩まされることになる。

■ les arts du pays du Soleil Levant (L.4)

「日出ずる国の芸術」。日本の浮世絵や工芸品は、フランスをはじめヨーロッパの芸術に大きな影響を与えた。日本の芸術から影響を受けた画家は、印象主義の先駆者マネや一般に印象派とされるモネ、ルノワール、ホイッスラー、ピサロ、ゴッホ、ゴーギャン、世紀末のロートレックやクリムトなど多数いる。19世紀後半から20世紀初頭にかけてのこうした日本趣味は総称して「ジャポニスム」japonisme（英語ではジャポニズム japonism）と呼ばれる。

■ la Fondation Louis Vuitton pour la Création (L.10)

「ルイ・ヴィトン財団」。芸術と文化を促進する目的で2006年に設立された。2014年には、パリ西部ブーローニュの森の動植物園南側に、ガラスの帆で覆われた壮大な財団の建築物がオープンした。建物の設計者はアメリカで活躍するカナダ人のフランク・ゲーリー（1929-）。日本では神戸のメリケンパークにゲーリーの設計（安藤忠雄監修）になる巨大な鯉のオブジェ「フィッシュ・ダンス」がある。

■ Tokyo en 1978 (L.15)

1978年には東京と大阪にそれぞれ3店舗が開店。1981年には銀座に初の直営店ができる。そこには美術ギャラリー「エスパス　ルイ・ヴィトン東京」が併設されている。また2010年には神戸の旧居留地に、すべての製品ラインを揃えた日本初のメゾン「ルイ・ヴィトン神戸メゾン」がオープンしている。現在、北海道旭川から沖縄まで50を超える店舗を展開している。

Exercices

1 本文の内容に一致するものには **vrai** を、一致しないものには **faux** を（　　　）に記入しなさい。

Répondez par vrai ou faux.

1) Le logo Louis Vuitton vient des initiales du créateur. 　　　　　（　　　）

2) *La Fondation Louis Vuitton* a pour objectif de promouvoir la vente. 　（　　　）

3) Ce sont les marchés européens qui ont largement contribué à la renommée de Vuitton.

（　　　）

2 本文の内容に即して、次の設問にフランス語で（あるいは日本語で）答えなさい。

Répondez en français (ou en japonais) aux questions suivantes.

1) Quelle était la spécialité de Louis Vuitton ?

2) Quels étaient les produits vendus par cette marque à l'origine ?

3) Combien de boutiques de Vuitton y a-t-il dans le monde entier ?

3 調べてみよう！

Cherchez !

日本においてヴィトンの製品がもつ意味合いについて、フランスと比較しながら考えてみましょう。

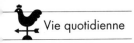
TOUR DE FRANCE

ツール・ド・フランス

自転車で国内を1周するレース。フランスでは国中が沸き立つ一大イベントです。

C'est en 1903 qu'un magazine a eu l'idée d'organiser une compétition consistant à faire le tour de France à bicyclette. Depuis cette date, l'une des épreuves sportives les plus spectaculaires du monde a lieu chaque année au mois de juillet, plusieurs centaines de coureurs de tous les pays y participant.

5 L'objectif du Tour de France est de parcourir en vingt étapes une distance d'environ 3000 km. L'épreuve dure trois semaines, elle ne comprend que deux ou trois jours de repos. L'itinéraire change chaque année, mais il réserve toujours aux concurrents d'interminables plaines et surtout des cols de montagne difficiles à passer. Le coureur en tête du classement porte un maillot jaune et l'arrivée finale se déroule sur la
10 prestigieuse avenue des Champs-Élysées à Paris.

Cette course exige des concurrents une endurance hors du commun et des millions de spectateurs viennent les encourager tout au long du parcours. Comme un dragon bariolé qui s'étire sur les routes, la caravane du Tour réveille chaque été les villes et les campagnes de France.

2 ▶ consistant à... :〔consister à +不定詞〕「~することにある、存する」。現在分詞として compétition にかかっている。

▶ épreuves : 広く競技全体を指す compétition に対し、épreuve は時間的・空間的に限られた競技を指す。

3 ▶ a lieu :〔avoir lieu〕「場所を持つ→~が行われる」

▶ plusieurs centaines de... :「数百の~」

4 ▶ y participant :〔participer à...〕「~に参加する」の現在分詞構文。y = à cette épreuve

5 ▶ étapes :「行程、ステージ」

8 ▶ d'interminables plaines : d' ← de ← des(複数の不定冠詞)

▶ ... difficiles à passer :「通るのが困難な」。difficiles は des cols にかかる。

9 ▶ en tête du classement :「順位がトップの」

11 ▶ exige des concurrents une endurance :〔exiger de A B〕「A に対して B を要求する」

▶ hors du commun :〔hors de...〕「~の外側にある」+〔le commun〕「普通であること」→「なみなみならぬ」

12 ▶ viennent les encourager :〔venir +不定詞〕「~しに来る」。les(= concurrents)は encourager の直接目的語。

▶ tout au long du... :〔au long de...〕「~に沿って」。tout は強めの副詞。

▶ un dragon bariolé qui s'étire sur les routes :「道に手足を伸ばした雑多な色合いのドラゴン」→色とりどりのユニフォームを着た選手が一団となり、形を変えながら進んでいく様子。

Clés

■ Tour de France

イタリアやスペインにも同種のロードレースはあるが、フランスで開催される Tour de France は圧倒的に注目度が高い。フランス国内でも非常に人気があり、国民的な行事ともいえる。

■ un magazine (L.1)

L'Auto「ロト」誌(現在の *Équipe*「エキップ」誌)の編集長アンリ・デグランジュ(1865-1940)の発案。デグランジュは著名な元自転車選手。

■ maillot jaune (L.9)

その時点で総合順位トップの選手が身につける黄色のジャージ。

Exercices

1 本文の内容に一致するものには **vrai** を、一致しないものには **faux** を（　　　）に記入しなさい。

Répondez par vrai ou faux.

1) Les concurrents doivent couvrir environ 3000 km.　　　　　　　　　（　　　）

2) L'itinéraire du Tour de France est toujours le même.　　　　　　　（　　　）

3) La course finit à Paris.　　　　　　　　　　　　　　　　　　　　（　　　）

2 本文の内容に即して、次の設問にフランス語で（あるいは日本語で）答えなさい。

Répondez en français (ou en japonais) aux questions suivantes.

1) En quelle année l'idée du Tour de France est-elle née ?

2) À quel moment de l'année se passe le Tour ?

3) Comment distingue-t-on le coureur qui mène la course ?

3 調べてみよう！

Cherchez !

日本における自転車や自転車競技のあり方・意味合いについて、フランスと比較しながら考えてみましょう。

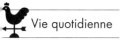
RENTRÉE

ラントレ フランスは９月に始まる…

フランスの新学期は9月。新しい生活を迎える何か気ぜわしげな気分と期待感
が街中に溢れています。

En France, il y a l'année civile qui commence le 1er janvier dans les embrassades et l'année scolaire qui débute en septembre et finit en juin, ajustée sur le calendrier des enfants. La « rentrée des classes » signifie ainsi la fin des « grandes vacances » de juillet et août.

5 La rentrée coïncide avec les premiers jours de l'automne. L'air fraîchit, les feuilles des arbres tombent dans les cours d'écoles. Une appréhension s'installe parmi les écoliers : la nouvelle classe, la nouvelle enseignante, les livres neufs, les nouveaux camarades, tout est inconnu. Après les longs jours de l'été, on reprend un rythme prévisible, beaucoup moins ludique.

10 Ce recommencement est général, il est porté par l'ambiance, les médias : les « bonnes affaires » de la rentrée dans les magasins ; la rentrée politique de l'Assemblée, le discours de rentrée du président ; les « livres » de la rentrée, les prix littéraires de la rentrée, les nouveaux films et les nouveaux spectacles ; les « chiffres » de la rentrée (chômage, inflation, commerce extérieur) ; les « affaires » de la rentrée, rapportées par 15 les journaux.

Alors que la saison froide approche, cette soudaine fébrilité vient dissiper la nostalgie des jours aisés, la parenthèse estivale où le temps s'est arrêté.

Notes

1 ▶ année civile :「暦の上での 1 年、暦年」

▶ embrassades : フランスでは、互いに抱擁したりキスを交わしたりして新年の到来を祝う。

2 ▶ année scolaire :「学年歴」

▶ ajustée sur... :「～にぴったりと合った」

3 ▶ rentrée des classes :「新学年（学期）の始まり」。classe は学年の意味。rentrée (n.f.) < rentrer「（学校などが）再び始まる」

▶ signifie : < signifier

5 ▶ coïncide avec... :〔coïncider avec...〕「～と一致する」

▶ fraîchit : < fraîchir < frais (m.)/ fraîche (f.).一般に形容詞から -ir 型の動詞を作る際には、形容詞の女性形から作る。(ex.) blanche → blanchir, belle → embellir, etc.

6 ▶ s'installe : < s'installer「（感情やイメージが）～の心の中に宿る」

9 ▶ prévisible :「予見できる→（楽しいことや思いがけない事態など起こらないことが）はっきりしている」

▶ beaucoup moins... : beaucoup は比較級 moins... を強める副詞。

10 ▶ est porté : < porter「もたらす」の受動態。

11 ▶ bonnes affaires :「お得な買い物」。affaire は「取引」の意味。

14 ▶ commerce extérieur :「外国との貿易」

▶ affaires : この場合は「問題／出来事」の意味。

16 ▶ Alors que... :「～なのに」。対立を表す。

▶ vient dissiper :〔venir ＋不定詞〕「～しにくる」

17 ▶ parenthèse :「挿入記号（ ）、挿入文」→「切り取られた（日常とは異なる）特別な期間」

▶ estivale : = de l'été

▶ s'est arrêté : < s'arrêter

Clés

■Rentrée

　フランスの新学期は 9 月から始まる。なおフランスにおける義務教育は、6 歳から 16 歳までの 10 年間。小学校 école primaire で 5 年間（6 歳～11 歳）初等教育を受けた後に中等教育へ進む。中等教育は前期のコレージュ collège（11 歳～15 歳の 4 年間）と後期のリセ lycée（15 歳～18 歳までの 3 年間）に分かれる。高等教育機関への進学希望者は、国家資格（バカロレア）取得試験に合格しなければならない。

年齢				
25	8		D 3	Doctorat
24	7		D 2	
23	6		D 1	
22	5	Université	M 2	Master
21	4	大学	M 1	
20	3		L 3	Licence
19	2		L 2	
18	1		L 1	

		Grandes Écoles	Diplôme
		グランド・ゼコル	
		Classe Préparatoire	
		入学準備学級	

			Baccalauréat	
17	7	Lycée	Terminale	最終学年
16	6	高校	Première	第 1 学年
15	5		Seconde	第 2 学年
14	4	Collège	Troisième	第 3 学年
13	3	中学校	Quatrième	第 4 学年
12	2		Cinquième	第 5 学年
11	1		Sixième	第 6 学年
10	5	École primaire	Cours moyen 2 (CM2)	中級課程 2
9	4	小学校	Cours moyen 1 (CM1)	中級課程 1
8	3		Cours élémentaire 2 (CE2)	初級課程 2
7	2		Cours élémentaire 1 (CE1)	初級課程 1
6	1		Cours préparatoire （CP）	準備課程
2～5		École maternelle		幼稚園
0～3		Crèche		保育園

（フランスの学校制度〔略図〕）

Exercices

1 本文の内容に一致するものには **vrai** を、一致しないものには **faux** を（　　　）に記入しなさい。

Répondez par vrai ou faux.

1) En France, l'année scolaire finit après les grandes vacances. （　　）

2) Pour les écoliers, la rentrée est associée avec la nostalgie. （　　）

3) La rentrée contraste avec les vacances. （　　）

2 本文の内容に即して、次の設問にフランス語で（あるいは日本語で）答えなさい。

Répondez en français (ou en japonais) aux questions suivantes.

1) Quand l'année civile commence-t-elle en France ?

2) Quels événements ont lieu autour de la rentrée ?

3) Quel mot qualifie le mieux la rentrée ?

3 調べてみよう！

Cherchez !

日本における新学期の歴史を調べ、フランスと比較してみましょう。あなたはいつ始まるのが良い
と考えますか？

BORIS VIAN

奇才ボリス・ヴィアン

Comme les comètes qui ne laissent qu'une brève lumière dans la nuit, Boris Vian, génie fugace, continue d'intriguer plus de 50 ans après sa disparition, en 1959. Ingénieur, romancier, poète, musicien, auteur-compositeur de chansons et de comédies musicales,

5 acteur, journaliste, traducteur, conférencier et chroniqueur, Vian avait de multiples talents. Malheureusement, victime d'une crise cardiaque à l'âge de 39 ans, la vie ne lui a pas donné le temps de vieillir.

Le nom de Boris Vian est lié au quartier Saint-Germain-des-Prés, sur la Rive Gauche à Paris. Au lendemain de la Libération, la jeunesse célébrait sa liberté retrouvée

10 dans les clubs de jazz, les cafés. Boris Vian jouait de la trompette au Tabou, discutait avec Jean-Paul Sartre au Café de Flore, partageait son temps entre musique et littérature, chansons et poésie. Au moment où la France est engagée dans une guerre coloniale en Indochine, Vian chante *Le Déserteur*, une chanson qui deviendra le manifeste des pacifistes du monde entier.

15 Mais Vian est aussi l'auteur d'étonnants romans : *L'Écume des jours* (1946), *L'Automne à Pékin* (1947), *L'Arrache-cœur* (1953). Ignorés par le public lors de leur publication, c'est seulement vers la fin des années soixante qu'ils ont trouvé l'audience et le succès qu'ils connaissent aujourd'hui. Des générations de lycéens ont grandi à la

lecture du style incomparable de Vian, où les objets parlent et s'animent dans un monde

20 onirique et drôle, fragile toutefois, comme le cœur toujours jeune et rebelle de l'auteur.

Clés

■ Boris Vian

　ボリス・ヴィアン（1920-1959）。音楽一家の家庭に育つ。国立中央工芸学校を出た後しばらく技師として働いたこともある。ジャズ・トランペット奏者や歌手、作詞家として活躍する一方、評論や翻訳、劇作や小説など幅広い執筆活動を行った。ヴァーノン・サリヴァンと名を偽って書いたハードボイルド風の小説『墓に唾をかけろ』（1946）がベストセラーになり、サルトルやカミュを中心とする実存主義や前衛芸術運動の中心地であったパリ、サン＝ジェルマン＝デ＝プレの寵児（ちょう）となるが、心臓発作で 39 歳の生涯を閉じる。現在、ヴィアンの代表作とされる『日々の泡』（1946）、『北京の秋』（1947）や『心臓抜き』（1953）などの作品が評価されるのは死後のことである。

■ Saint-Germain-des- Prés (L.8)

　パリで最も古いサン＝ジェルマン＝デ＝プレ教会付近の界隈を指す。セーヌ左岸、サン＝ジェルマン大通りの文化・商業地区。6 区にあり、ソルボンヌのある学生街カルチエ・ラタン（5 区）に隣接する。第 2 次大戦中、ドイツ軍の占領期に若者文化の中心がモンパルナスからここに移る。とりわけ戦後には文化・芸術の中心地となった。サルトルやボーヴォワールで有名な「カフェ・ド・フロール」、Les Deux Magots「レ・ドゥー・マゴ」やヘミングウェイが通ったことでも知られる Brasserie Lipp「ブラッスリー・リップ」などは現在も営業している。

■ Rive Gauche (L.8)

　「セーヌ左岸」。セーヌ川下流に向かって左側、つまり南側の一帯を指す。一般に、オペラ座界隈に代表される高級な商業地区のイメージが強い「右岸」Rive Droite に対し、若者を担い手とする文化・芸術の中心地と見なされている。

■ Libération (L.9)

　「パリ解放」。1944 年 8 月、パリは連合軍によってナチス・ドイツの占領から解放された。

■ Tabou (L.10)

　1945 年、パリのドフィーヌ通りにビストロとして開店、その後、深夜営業で人気を得る。47 年、その地下の酒蔵（cave）にジャズのクラブが作られる。サルトル、カミュ、メルロ＝ポンティ、レーモン・クノーなどの知識人も常連客だった。多くの若者たちが熱狂的に踊るこのクラブは、ヴィアンの小説『墓に唾をかけろ』のスキャンダルもあって、世間の注目を浴び、1 つの事件ともなった。

■ Jean-Paul Sartre (L.11)

　ジャン＝ポール・サルトル（1905-1980）。他者や状況によって疎外され、いわばモノのような存在と化した人間が、それぞれの自由な生を意識し、自由に対する責任を負いながら主体的な選択を行い、自らの本質を創り上げることを目指す実存主義の思想を提唱した思想家・作家。哲学的著作の他に多くの小説・戯曲・評論をのこしている。幼くして父親を失い、母親と母方の祖父（医師アルベルト・シュヴァイツァーの伯父）により、裕福で知的な環境の中で育てられる。1929 年に高等師範学校を卒業し、翌年中高等教育教授資格試験にトップで合格（この頃、生涯の伴侶となるシモーヌ・ドゥ・ボーヴォワールと識り合う）、その後リセで教えるかたわらベルリンに留学してフッサールに現象学を学び、小説『嘔吐』（1938）や『壁』（1939）で注目される。第 2 次大戦中は一時捕虜となるが、釈放後、人間存在の根源的自由やその不条理性について論じた大著『存在と無』（1943）を著す。戦後、知識人の「社会参加」engagement を説いて政治運動にも積極的に関わり、若者たちのオピニオンリーダーとも見なされるが、成功には至らない。中断された長編小説『自由への道』（1945-49）はそうした背景の中で書かれている。50 年代に入り、一時共産党に接近するが、ハンガリー事件（1956）やアルジェリア独立戦争（1954-62）などを機に批判に転じる。しか

しながらマルクス主義思想については関心を深め、実存主義との融合を試みている（『弁証法的理性批判』1960）。64 年にはノーベル文学賞に推挙されるが、受賞を拒否。73 年以降はほとんど失明状態となり、執筆中の長大なフローベール論『家の馬鹿息子』も未完となった。80 年 4 月に死去。数万もの人々が葬列を見送り、知の巨人の死を悼んだ。

■ Café de Flore (L.11)

1885 年創業。戦前には、アポリネール、ブルトン、アラゴン、バタイユ、レリス、クノーやピカソなど当代を代表する文学者や芸術家が集った。戦後は「レ・ドゥー・マゴ」とともに実存主義者たちの根城となる。1950 年代、サルトルはこの 2 階を書斎・応接間として使っていたという。この店の名前がタイトルになったカナダ映画 Café de Flore（監督ジャン＝マルク・ヴァレ／主演ヴァネッサ・パラディ、2011）がある。

■ guerre coloniale en Indochine (L.13)

「インドシナ植民地戦争」。ベトナムの独立と統一をめぐってフランスとの間で闘われた戦争（1946-1954）で、「第 1 次インドシナ戦争」とも呼ばれる。

■ Le Déserteur (L.13)

「脱走兵」(1954)。インドシナ戦争で召集令状を受け取った男が、戦場で人を殺すことを拒否し逃走を決意するという内容がユーモアを交えて語られる。大統領に宛てて書いた手紙の体裁をとったこの歌は、その後もアルジェリア戦争やベトナム戦争をへて長く歌い続けられ、また各国語に翻訳されている。日本では「拝啓大統領閣下殿」のタイトルで加藤和彦や高石友也らが歌っている。

■ L'Écume des jours (L.15)

『日々の泡』(1946)。『うたかたの日々』とも訳される。サルトルらが創刊した『レ・タン・モデルヌ』誌に一部掲載の後に刊行された。サルトルのパロディであるジャン＝ソル・パルトル Jean-Sol Partre という哲学者も登場する。現代の恋愛がジャズをバックに斬新なヴィジョンとユーモアたっぷりの言語遊戯で描かれる。1968 年、シャルル・ベルモンにより映画化された。2013 年には、ミシェル・ゴンドリー監督、ロマン・デュリス、オドレイ・トトゥ主演の映画『ムード・インディゴ うたかたの日々』がフランスで公開されている。日本でも『クロエ』（2001 年）と題して映画化されており（監督：利重剛）、さらに岡崎京子のマンガ化『うたかたの日々』（2003 年）もある。

Exercices

1 本文の内容に一致するものには **vrai** を、一致しないものには **faux** を（　　　）に記入しなさい。

Répondez par vrai ou faux.

  1) Boris Vian jouait de la guitare dans un club de jazz.   (   )

  2) Vian était ami avec Jean-Paul Sartre.   (   )

  3) Vian a composé une chanson contre la guerre.   (   )

2 本文の内容に即して、次の設問にフランス語で（あるいは日本語で）答えなさい。

Répondez en français (ou en japonais) aux questions suivantes.

  1) Pourquoi peut-on comparer Boris Vian à une comète ?

  2) Qu'est-ce qui montre que Vian avait de nombreux talents ?

  3) À partir de quand les romans de Vian ont-ils commencé à être appréciés ?

3 調べてみよう！

Cherchez !

ボリス・ヴィアンの作品を実際に体験してみましょう。小説でも音楽でもかまいません。

APPENDICE | 補遺

Ⅰ. 基本文型と文の要素

英語には５文型と呼ばれるものがあるが、フランス語の文は、以下の６つのパターンに分類される。どんなに複雑にみえる文章もこの基本的な文型あるいはそれらの組合せから成り立っている。

1）〔主語＋動詞〕

<u>Marie</u> <u>chante</u>.　マリーは歌う。
主語と動詞だけで成り立つ、最も基本的な文。

2）〔主語＋動詞＋補語*〕

<u>Marie</u> <u>est</u> <u>chanteuse</u>.　マリーは歌手だ。
<u>Marie</u> <u>est</u> <u>sympathique</u>.　マリーは感じがいい。
主語を説明する補語が動詞の後に来る。補語になりえるのは名詞か形容詞。また主語と補語を繋ぐ動詞は多くの場合 être だが、ほかに devenir「～になる」、sembler「～にみえる」などもある。

> *一般にフランス語文法では、英文法でいう「補語」は「属詞」と呼ばれるが、本テキストでは日本における英語教育との連続性も考慮して、「補語」としている。

3）〔主語＋動詞＋直接目的語〕

<u>Marie</u> <u>aime</u> <u>la musique</u>.　マリーは音楽が好きだ。
動詞の動作の対象となるものが目的語で、つねに名詞（名詞句や名詞節も含む）によって構成される。この構文のように、前置詞を伴わない目的語は、直接目的語と呼ばれる。

4）〔主語＋動詞＋間接目的語〕

<u>Marie</u> <u>téléphone</u> <u>à Jean</u>.　マリーはジャンに電話をする。
目的語でも前置詞の à や de を伴う場合には間接目的語と呼ばれる。もっとも多く見られるのは〔前置詞 à ＋人〕「～に」のパターン。

5）〔主語＋動詞＋直接目的語＋間接目的語〕

<u>Jean</u> <u>offre</u> <u>un bouquet de fleurs</u> <u>à Marie</u>.　ジャンはマリーに花束を贈る。
直接目的語「～を」と間接目的語「～に」の両方が現れる構文。この構文では offrir「贈る」の他にも donner「与える」、montrer「見せる」などの動詞が使われる。

6）〔主語＋動詞＋直接目的語＋補語〕

<u>Marie</u> <u>trouve</u> <u>Jean</u> <u>gentil</u>.　マリーはジャンが親切だと思う。
<u>Jean</u> <u>entend</u> <u>Marie</u> <u>chanter</u>.　ジャンはマリーが歌うのを耳にする。
「〔主語～は〕〔直接目的語～が〕〔補語～する／であるのを〕〔動詞～する〕」というパターン。この場合、補語は直接目的語の属性や動作を説明している。補語が形容詞の場合は直接目的語に性数一致をする。また２番目の例のように知覚動詞（voir「見る」、entendre「聞こえる」、écouter「聴く」、sentir「感じる」など）や使役動詞（faire）を用いた場合には、補語が不定詞となることもある。

Ⅱ. 名詞と名詞を限定するもの

1）名詞

一般にフランス語の名詞は、男性名詞 (*n.m.* < nom masculin) か女性名詞 (*n.f.* < nom féminin) かに分けられる。人間のように生物としての性を持つ名詞はそれに従うが、事物や概念を表す名詞はあらかじめどちらかに定められている。また名詞を数えられるものとして捉える場合には、単数 (*s.* < singulier) と複数 (*pl.* < pluriel) の区別がある。複数形は原則として単数形の語尾に -s を付けるが、この s は発音されない。

(*n.m.*) : père(*s*) / hôtel(*s*)   (*n.f.*) mère(*s*) / école(*s*)

2）冠詞

性・数だけでなく、その名詞が特定化されているかどうか、数えられるものとして捉えられているかどうか、などを示す標識として機能する。

a）定冠詞

名詞の性・数、および名詞が母音で始まるか子音で始まるかによって、le, la, l', les の形がある。名詞を特定化したものとして示す用法と、種類の全体を総称する用法とがある。

(*n.m.s*) : le père / l'hôtel   (*n.m.pl.*) : les pères / les‿hôtels

(*n.f.s*) : la mère / l'école   (*n.f.pl.*) : les mères / les‿écoles

*母音または無音のhで始まる単数名詞の前では、le, laはl'となる。

定冠詞と前置詞の結合（縮約）：前置詞 à と de は、定冠詞 le, les と結合して1語となる。

à + le → au : café *au* lait   à + les → aux : tarte *aux* pommes

de + le → du : la capitale *du* Japon   de + les → des : le président *des*‿États-Unis

b）不定冠詞

名詞の性・数によって、un, une, des の形がある。名詞を不特定で数えられるものとして示す。

(*n.m.s*) : un père / un‿hôtel   (*n.m.pl.*) : des pères / des‿hôtels

(*n.f.s*) : une mère / une‿école   (*n.f.pl.*) : des mères / des‿écoles

c）部分冠詞

名詞の性・数、および名詞が母音で始まるか子音で始まるかによって、du, de la, de l' の形がある。名詞を不特定で数えられないもの、量として示す。

(*n.m.*) : *du* pain / *de l'*argent   (*n.f.*) : *de la* viande / *de l'*eau

*母音または無音のhで始まる単数名詞の前では、du, de laはde l'となる。

3）指示形容詞

名詞の性・数、および名詞が母音で始まるか子音で始まるかによって、ce, cet, cette, ces の形がある。「この、あの、その」という指示を表す。

(*n.m.s*) : *ce* copain / *cet*‿ami   (*n.m.pl.*) : *ces* copains / *ces*‿amis

(*n.f.s*) : *cette* copine / *cette*‿amie   (*n.f.pl.*) : *ces* copines / *ces*‿amies

*母音または無音のhで始まる男性単数名詞の前でceはcetとなり、次の語とリエゾンする。

4）所有形容詞

各人称の所有関係などを示す。所有する者の人称と所有されるものの性・数によって異なる形をもつ。

[mon/ton/son] frère   [ma/ta/sa] sœur   [mes/tes/ses] parents

[notre/votre/leur] frère/sœur   [nos/vos/leurs] parents

*母音または無音のhで始まる女性単数名詞の前では、[ma/ta/sa] に代えて [mon/ton/son] を用い、次の語とリエゾンする。
　(*ex.*) mon_école

5）疑問形容詞　補遺V.B. 2）を参照。

III. 中性代名詞 le, en, y（性数の変化をしない）

en →第1課 Grammaire

le　1）動詞の不定詞や前節の内容などを直接目的語として受ける。

Tu sais qu'elle est malade depuis hier ? – Oui, je *le* sais.
彼女が昨日から病気だって知ってる？——うん、知ってるよ。

　　2）形容詞や名詞を補語として受ける。

Ils sont encore riches ? – Non, ils ne *le* sont plus.
彼らはまだ裕福なのですか？——いいえ、もはやそうではありません。

y　　1）場所を表すさまざまな前置詞句を受ける。

Vous allez en France cet été ? – Oui, j'*y* vais.
この夏フランスに行きますか？——はい、行きます。

　　2）〈前置詞 à ＋名詞（句・節）〉を受ける。ただし人以外のものや事がら。

Tu as l'air contente. – Oui, c'est la lettre de ma mère. Je vais *y* répondre tout de suite.(répondre à)
嬉しそうだね——ええ、これ母からの手紙なんです。これからすぐ返事を書きます。

*〈前置詞 à ＋人〉のときは、間接目的の人称代名詞3人称 [lui, leur] を用いる。
　Tu écris souvent à tes parents ? – Non, mais je *leur* téléphone de temps en temps.
　ご両親によく手紙を書く？——いや、でも時々電話をしてるよ。

IV. 人称代名詞強勢形（自立形）：人称代名詞を動詞から独立させて使用する際に用いる。

（je →）**moi**, （tu →）**toi**, （il →）**lui**, （elle →）**elle**,
（nous →）**nous**, （vous →）**vous**, （ils →）**eux**, （elles →）**elles**

1）主語や目的語の強調

Moi, je prends du thé. Et *toi* ?　ぼくは紅茶にするけど、君は何にする？

2）前置詞の後

Nous allons au cinéma ce soir. Tu viens avec *nous* ?
今晩私たち映画に行くんだけど、いっしょに来ない？

3）C'est...の構文の補語

Allô, qui est à l'appareil ? – C'est *moi*, Jean.　もしもし、どちらさまですか？──ぼくだよ、ジャンだよ。

4）比較の対象

Sa fille est plus grande qu'*elle*.　彼女の娘は彼女より背が高い。

Ⅴ. 疑問文

A. 肯定（Oui, Si）か否定（Non）によって答える疑問文

1）平叙文の語尾を上げる：会話では多くの場合この形が用いられる。

On va au cinéma ce soir ? – Oui, c'est une bonne idée.　今夜映画に行かない？──うん、いい考えだね。

2）平叙文の文頭に Est-ce que をつける。

会話で用いられる。相手にこれから質問をするサインとなるので、「ところで〜ですか？」といったニュアンスをもつ。

Est-ce que vous avez des enfants ? – Oui, deux filles.　お子さんはおられますか？──ええ、娘が２人。

3）主語と動詞を倒置する：主として丁寧な会話表現や文章表現で用いられる。

   a）単純倒置：主語が代名詞のときには、主語と動詞をそのまま倒置する。

     Aimez-vous voyager ? – Non, pas tellement.　ご旅行はお好き？──いいえ、それほどでも。

     N'êtes-vous pas romancier ? – Si*, je suis romancier.
     あなたは小説家ではないのですか？──いいえ、小説家ですよ。
     *否定疑問に対し、肯定で答える場合には、oui ではなく si を用いる。

     Habite-t-il** dans ce quartier ? – Oui, depuis longtemps.
     彼はこの界隈に住んでいるのですか？──はい、ずいぶん前から。
     **動詞の３人称単数形の語尾が母音で終わる場合には、倒置する際に主語代名詞の il や elle との母音の連続を避けるため -t- が挿入され、t と il/elle の間でリエゾンを行う。

   b）複合倒置：主語が名詞のときには、主語を代名詞に置き換え、その代名詞と動詞を倒置する。
     Antoine de Saint-Exupéry a disparu définitivement.
     → Antoine de Saint-Exupéry a-t-il disparu définitivement ?
     アントワーヌ・ド・サンテグジュペリは完全に姿を消してしまったのか？

B. 疑問詞を用いた疑問文

フランス語の疑問詞には文における機能に応じて、疑問代名詞・疑問形容詞・疑問副詞の３つがある。

1）疑問代名詞

人について聞くときには qui を、ものや事がらについてきくときには que（qu'）を用いる。

   a）〔主語を問う場合〕

     だれが：Qui...? または Qui est-ce qui...?
      Qui（Qui est-ce qui）va venir ?　だれが来るの？

何が：Qu'est-ce qui...?

Qu'est-ce qui t'arrive ? 何が君に起こっているのか→どうしたんだい？

b）〔直接目的語を問う場合〕

だれを：Qui ＋動詞＋主語？ または Qui est-ce que ＋主語＋動詞？

Qui cherchez-vous ? だれを探しているのですか？

Qui est-ce que vous cherchez ?

何を：Que ＋動詞＋主語？ または Qu'est-ce que ＋主語＋動詞？

Qu'avez-vous ? どうしたのですか？

Qu'est-ce que vous avez ?

c）〔補語を問う場合〕

だれですか？：Qui ＋ être ＋主語？

Qui est ce monsieur-là ? あの男性はだれですか？

何ですか？：Qu'est-ce que ＋主語＋ être ？

Qu'est-ce que c'est ? これは何ですか？

d）〔前置詞を伴う場合〕

人について聞くとき：前置詞＋ qui ＋動詞＋主語？

または前置詞＋ qui ＋ est-ce que ＋主語＋動詞？

Avec qui sortez-vous ce soir ? 今夜だれと出かけるのですか？

Avec qui est-ce que vous sortez ce soir ?

ものや事がらについて聞くとき：前置詞＋ quoi* ＋動詞＋主語？　　* 前置詞の前で que は quoi となる

または、前置詞＋ quoi* ＋ est-ce que ＋主語＋動詞？

De quoi parlent-ils ? 彼らは何について話しているのですか？

De quoi est-ce qu'ils parlent ?

2）疑問形容詞

名詞にかかり、性数一致を行う。原則として主語と動詞は倒置されるが、実際の会話場面では、倒置されないことも多い。

(m.s) quel, (m.pl.) quels, (f.s) quelle, (f.pl.) quelles

a）〔直接、名詞にかかる場合〕

Quel âge avez-vous ? / Vous avez quel âge ? – J'ai 20 ans. 何歳ですか？——20歳です。

Quelle heure est-il ? / Il est quelle heure ? – Il est 10 heures et demie. 何時ですか？——10時半です。

b）〔補語となる場合〕

Quelle est votre profession ? あなたのご職業は？

Quelles sont ces fleurs ? この花は何ですか？

3）疑問副詞

時や場所、様態、理由などを問う際に用いる。原則として主語と動詞は倒置されるが、実際の会話場面では、倒置されずに疑問副詞が後置されたり、倒置を避けるため est-ce que が挿入されたりすることが多い。

a）〔時〕 quand「いつ」, à quelle heure「何時に」

Quand partez-vous ? / Vous partez quand ? / Quand est-ce que vous partez ? 　出発はいつですか？

b）〔場所〕 où「どこ」, d'où「どこから」

Où habitez-vous ? / Vous habitez où ? 　おすまいはどちらですか？
D'où venez-vous ? – Je viens du Japon. 　ご出身は？——日本です。

c）〔様態〕 comment「どのようにして」

Comment vous appelez-vous ? / Vous vous appelez comment ? 　お名前は？
Comment vas-tu ? / Comment ça va ? 　元気？

d）〔理由〕 pourquoi「なぜ」：parce que... で応答することが多い。

Pourquoi pleures-tu ? – Parce que je suis triste ; j'ai perdu mon parapluie.
どうして泣いてるの？——傘をなくしちゃって、悲しいの。

e）〔数量〕 combien（de...）「どれだけたくさんの」

Combien d'enfants avez-vous ? – J'en ai trois. 　お子様は何人？——3 人です。
Ça fait combien ? – 50 euros. 　おいくらになりますか？——50 ユーロです。

VI. 強調構文

主語（S）を強調するときには〔c'est S qui...〕の形を、それ以外の要素（X）を強調するときには〔c'est X que...〕の形を用いる。

Je vais donner ce livre à Michel ce soir. 　私は今夜ミシェルにこの本をあげる。
の各要素を強調すると以下のようになる。

〔主語〕　　　　*C'est moi* * *qui* vais donner ce livre à Michel ce soir.
〔直接目的語〕　*C'est ce livre que* je vais donner à Michel ce soir.
〔間接目的語〕　*C'est à Michel que* je vais donner ce livre ce soir.
〔副詞句〕　　　*C'est ce soir que* je vais donner ce livre à Michel.
　*代名詞主語を強調する場合には、強勢形（自立形）の代名詞を用いる。

VII. 非人称構文

il が形式上の主語として用いられる構文。意味上の主語が複数であっても動詞は常に 3 人称単数形。

1）本来的非人称構文

非人称構文にしか現れない動詞、あるいは非人称表現に慣用化された動詞が用いられる。

[天候・寒暖]	Il pleut.（pleuvoir 雨が降る）/ Il fait chaud.（faire chaud 暑い）

[時　間] Quelle heure est-il ? – Il est quatre heures moins dix.（être）
何時ですか？――4 時 10 分前です。

[存　在] Il y a de belles fleurs dans le parc.（y avoir）　公園に美しい花が咲いている。

Il était une fois un marchand très avare...（être）　昔々、ひとりのとてもけちな商人がいました。

Il existe une autre solution à ce problème.（exister）　この問題には別の解決策がある。

[必 要 性] Il faut terminer ce travail pour demain.（falloir）　この仕事を明日までに終えなければならない。

2）転化的非人称構文

もともと普通の人称構文で使われる自動詞が非人称動詞に転化して用いられた構文。出現・存在・欠如を表す自動詞が多い。

Hier, il est arrivé beaucoup de touristes à ce petit village. (arriver)　昨日、大勢の観光客がこの小さな村に着いた。

Il manque toujours de l'eau dans cette région.（manquer）　この地域は慢性的な水不足だ。

3）仮主語構文

日常会話では、il の代わりに ce が用いられることも多い。
À cette saison, il n'est pas facile de trouver une chambre d'hôtel à Kyoto.
この季節に京都で宿を見つけるのは容易ではない。

VIII. 現在分詞と過去分詞

1）現在分詞：→第6課　Grammaire

2）過去分詞

（形態） 原則として -er 型動詞は -er を -é に、-ir 型 (ouvrir タイプを除く) は -ir を -i にする。
その他の動詞はそれぞれ異なるが、語尾は -é, i, u, s, t のみである。
(ex.) marcher → marché,　choisir → choisi,　avoir → eu,　être → été,
rendre → rendu,　venir → venu,　connaître → connu,
dire → dit,　faire → fait,　ouvrir → ouvert, etc.

（用法） a）avoir または être とともに複合過去などの複合時制をつくる。→第 4 課 Grammaire

b）être とともに受動態をつくる。→第 4 課 Grammaire

c）形容詞と同様に名詞にかかるが、その際、自動詞の過去分詞は完了、他動詞の過去分詞は受け身の性質を帯びる。

le film *sorti* hier (sortir)　昨日封切られた映画

les poèmes *écrits* par mon frère (écrire)　私の兄が書いた詩

d）主語の同格として、分詞構文を構成する。

Épuisés, ils sont rentrés chez eux.　疲れきって、彼らは家に帰った。

（性数の一致）

a）主語と一致する場合

・être を助動詞として複合過去などの複合時制をつくるとき。→第 4 課 Grammaire

・受動態において。→第 4 課 Grammaire

b）直接目的語と一致する場合

・複合時制において代名動詞の再帰代名詞が直接目的語のとき、あるいは直接目的語とみなされるとき。→第 7 課 Grammaire

・複合時制において直接目的語が過去分詞よりも前に位置するとき。

Ce sont *les boucles d'oreilles* qu'il m'a donné*es*.（関係代名詞の先行詞）

これが、彼からもらったイヤリングです。

Juliette ? Je *l*'ai vu*e* tout à l'heure à la bibliothèque.（人称代名詞の目的語）

ジュリエット？　彼女ならさっき図書館で見かけたよ。

Quelle cravate avez-vous choisi*e* ?（疑問形容詞を伴って）

どのネクタイを選ばれたのですか？

IX. 動詞の法と時制

フランス語の動詞は「法」（le mode）と「時制」（le temps）によって表される。「法」は、発話する際の話者の心的態度、いわば述べ方を示す。人称変化にかかわる法としては以下の 4 つがあり、それぞれに時間的な関係を表す時制がある。

直説法（mode indicatif）［現在・複合過去・半過去・大過去・単純過去・前過去・単純未来・前未来］
事がらを現実のものとして捉える。

条件法（mode conditionnel）［現在・過去］
事がらを非現実的なものとして捉える。

接続法（mode subjonctif）［現在・過去・半過去・大過去］
事がらの現実・非現実は問わず、話者の想念を述べる。

命令法（mode impératif）［現在・過去（複合形）］
話者の命令や希望などを表す。

Crédits photographiques :
p.6, p.7, p.8, p.14 Brice Toul
p.30, p.50 dpa/時事通信フォト
p.38, p.44, p.67, p.72 AFP＝時事
p.60 TT News Agency/時事通信フォト

Crédit cartographique :
p.55 AFDEC

///

フランスを読み解く鍵　第2巻　改訂版

2017 年 10 月 20 日　初版発行
2023 年 9 月 1 日　　2 刷発行

著　者　　Denis C. MEYER
編著者　　北村 卓
　　　　　きたむら　たかし

発行所　　アシェット・ジャポン（株式会社トライアログ・エデュケーション）
　　　　　〒 167-0051 東京都杉並区荻窪 4-28-11 ツインビル中田 301 号室
　　　　　TEL 03-6383-5266

発売元　　株式会社三善
　　　　　〒 167-0032　東京都杉並区天沼 2-2-3
　　　　　TEL 03-3398-9161　FAX 03-3398-9170

DTP　　　Katzen House

印刷製本　モリモト印刷 株式会社